DEUTSCHE FLUGZEUGE

1914—1918

Eine Dokumentation von Karl R. Pawlas

Vorbemerkung

Die rasche Entwicklung, die der Flugzeugbau in den letzten 30 Jahren durchgemacht hat, läßt uns leicht vergessen, daß der erste motorisierte Flug erst zu Beginn dieses Jahrhunderts möglich war.

Nun ist es keinesfalls so, daß in den ersten 20 Jahren nach diesem Flug nur die sogenannten „Tauben“ den Himmel erobert hätten, denn man kam sehr schnell dahinter, daß die Gesetze des Vogelflugs nicht unbedingt auch für einen Flugapparat des Menschen zu gelten hatten. Es waren nicht die Bewegungen der Schwingen oder die federähnlichen Tragflächen, die die Voraussetzungen für eine Fortbewegung der Menschen in der Luft schufen und auch nicht „Geräte leichter als Luft“, die dem Menschen das „Fliegen“ ermöglichten, wie man anfangs glaubte.

Als man die physikalischen Gesetze erkannte und sofort an ihre Anwendung herantrat, ging es mit dem Flugzeugbau sehr rasch voran.

Immer größere und schnellere Flugzeuge entstanden, in unterschiedlichen Formen, mit den verschiedensten Tragflächen und mit erheblichen Tragfähigkeiten.

Fliegen!

Und wie alles Schlechte auch irgendwo etwas Gutes mit sich bringt, hätte die Weiterentwicklung des Flugwesens sicher viel länger gedauert, wenn die Anforderungen an die Wandelbarkeit des Flugzeuges gerade während des ersten Weltkrieges nicht so groß gewesen wären.

Als man die Bedeutung des Flugzeuges für die Kriegführung klar erkannte und die Wünsche nach der Einsatzfähigkeit immer vielfältiger wurden, entstanden Flugzeugtypen, die z. T. nahezu in Vergessenheit geraten sind.

Im Zeitalter des Düsen-Überschall-Fluges in druckdichten Kabinen und bequemen Sitzen ist man leicht geneigt, zu vergessen, daß die mutigen Flugpioniere einst „im Freien saßen“ und mit einer kräftigen Brise um die Ohren auch noch Geräte und Waffen bedienen mußten.

Dieses herrliche Gefühl, sich, im wahrsten Sinne des Wortes, völlig frei in der Luft zu bewegen, ist heute fast gänzlich verlorengegangen. Ja, selbst die überaus sportlichen Segelflieger begeben sich nicht mehr auf den ungeschützten Sitz, sondern in ihre sichere, gegen Wind und Wetter abgeschirmten Kabinen.

So darf es uns nicht wundern, wenn heute immer mehr Enthusiasten das „völlig freie Fliegen“ wieder kennenlernen wollen und das „Drachenfliegen“ immer mehr an Beliebtheit gewinnt.

Und wenn uns heute auf einer Flugveranstaltung oder in einem Museum ein Doppeldekker alter Bauart begegnet, dann stehen wir staunend vor diesem Ungetüm und denken (vielleicht ein wenig mit Wehmut) an dieses herrliche Flugerlebnis vergangener Jahre zurück.

Die Pionierzeit

Nun kann man aber heute nicht mehr recht viel über jene Flugzeuge der Pionierzeit lesen. Nicht etwa, weil das Interesse an diesen „fliegenden Kisten" heute nicht mehr bestünde, sondern, weil eben der Zahn der Zeit auch an den Unterlagen aus der Kinderstube des Flugzeugbaus genagt hat. Während zwei großen Kriegen, begleitet von Feuersbrünsten und anderen Katastrophen, ist soviel an Kulturgut vernichtet worden, daß es heute schon ein kleines Kunststück ist, wenn man die Anfänge der Luftfahrt in gebührender Weise für die Nachwelt festhalten will.

Nun haben wir, anläßlich des 20jährigen Bestehens unseres Archives, uns entschlossen, einen Bildband zusammenzustellen, der uns nochmals, auf eindringliche Weise, zeigen soll, wie diese „Kisten" ausgesehen haben, mit denen man sich vor rund 60 Jahren sogar bis in 6000 m Höhe hinaufgewagt hat.

Ziel und Zweck

Natürlich soll in diesem Bildband nicht etwa eine komplette Geschichte der Flugzeuge 1914–1918 enthalten sein. Eine derartige Abhandlung würde mehrere Bände füllen und durch den hohen Preis auch nur einen kleinen Kreis von Interessenten ansprechen. Stattdessen haben wir die Bestände des seit 20 Jahren Zusammengetragenen einer kritischen Betrachtung unterzogen und aus mehreren zigtausend Fotos rund 450 herausgesucht, die einen guten Überblick über das Fluggerät des ersten Weltkrieges dokumentieren.

Wenn wir in Betracht ziehen, daß zu jener Zeit auch die Fotografie noch in den Kinderschuhen gesteckt hat und oft lange Belichtungszeiten für die Aufnahmen erforderlich waren, dann darf man die hier gezeigten Fotos als qualitativ hervorragend bezeichnen.

Ein wenig stolz sind wir darauf, daß wir die Auswahl aus eigenen Beständen treffen konnten und nicht fremde Hilfe in Anspruch nehmen mußten, die sich oft als recht zweifelhaft erweist.

Um nun eine preiswerte und doch sehr anschauliche Dokumentation vorlegen zu können, haben wir die Fotos nur mit den wichtigsten Daten versehen. Alles andere würde ein Übermaß an Platz beanspruchen und den gesetzten Rahmen sprengen.

So entstand ein Bildband, der nicht nur als wahre Augenweide für den Liebhaber dienen wird, sondern auch eine Menge Einzelheiten (wie Bemalung, Kennzeichnung, Typenunterscheidung usw.) jenen Lesern bieten wird, die sich mit dem Bau von Flugzeugmodellen beschäftigen und auf eine originalgetreue Bemalung Wert legen.

Werdegang der Fliegerei im 1. Weltkrieg

Wenn wir uns auch nicht mit allen Einzelheiten über die erste Fliegertruppe beschäftigen können, so wollen wir hier doch wenigstens die wichtigsten Stationen ihrer Entwicklung festhalten, zumal uns der Bericht des damaligen Major Helmut Förster vorliegt, der seinerzeit anhand von Originalunterlagen sehr sorgfältige Recherchen geführt hat, die in dem grundlegenden Buch „Unsere Luftstreitkräfte 1914–1918" veröffentlicht wurden.

Diesen Bericht können wir freilich nur auszugsweise wiedergeben.

Förster schreibt:

August 1914 bis März 1915

Durch die Heeresverstärkung 1913 waren am 1. Oktober 1913 11 Fliegerstationen mit 12 Kompanien errichtet worden. Sie unterstanden, in 4 Fliegerbataillone zusammengefaßt, der Inspektion der Fliegertruppen in Berlin. Entgegen den Wünschen des Chefs des Generalstabes der Armee war die Fliegertruppe der Verkehrstruppe eingegliedert worden; diese Friedensunterstellung mußte für eine kämpfende Truppe, die im Ernstfalle unter strategischen und operativen Kommandostellen und im engsten Zusammenarbeiten mit den anderen Waffen Verwendung finden sollte, verhängnisvoll werden. Sie zeigte ihre großen Nachteile sofort bei Kriegsausbruch darin, daß Kommandostellen und Truppe sich gegenseitig nicht genügend vertraut gegenüberstanden.

Durch die Mobilmachungsbestimmungen wurden planmäßig aufgestellt: 33 Feldfliegerabteilungen, zu je 6 Flugzeugen, $7^1/_2$ Festungsfliegerabteilungen zu je 4 Flugzeugen, 8 Etappenflugzeugparks, 5 Fliegerersatzabteilungen.

Die Feldfliegerabteilungen wurden hinsichtlich ihrer Verwendung den Armeeoberkommandos und Generalkommandos, ausnahmsweise auch den Divisionen, die Festungsfliegerabteilungen den Kommandanten der Festungen unterstellt, während sie in der Personal- und Materialversorgung über die Etappen-Inspektionen im Befehlsbereich der heimatlichen Inspektion verblieben. Bei den für Einsatz und Verwendung verantwortlichen Stellen fehlte es fast überall an sachverständigen Offizieren, bei der Inspektion in Berlin an der, schon durch die räumliche Entfernung erklärlichen, notwendigen Fronterfahrung und Übersicht. Hieraus entwickelte sich ein Nebeneinanderherarbeiten von Front, Etappe und Heimat; es unterblieb jegliches Auswerten der gemachten Erfahrungen; Personal und Material wurden nicht rechtzeitig nachgeschoben, so daß die einzelnen Feldformationen, auf Selbsthilfe angewiesen, Eigenmächtigkeiten begingen, die naturgemäß auf die Dauer den Nachschub für die vorhandenen Verbände außerordentlich stören und die Aufstellung neuer unmöglich machen mußten. Ein Parkführer löste beispielsweise mit Genehmigung des Armeeoberkommandos seinen Park auf und stellte sich eine Fliegerabteilung zusammen; andere Parkführer wählten das Gegenteil und „hamsterten“ für ihren Park, soviel sie irgend konnten.

Dem bald erkannten Organisationsmangel abzuhelfen, erschien dem damaligen Inspekteur, Oberst v. Eberhardt, mit die wichtigste Aufgabe; es gelang ihm auch, das Kriegsministerium in Berlin von der Richtigkeit seiner, durch verschiedene Fahrten zu den Feld- und Etappenformationen der Fliegertruppe sowie zu den verschiedenen Armeeoberkommandos und Generalkommandos gekräftigten Auffassung zu bekehren, daß ein höchster Waffenvorgesetzter der Feldfliegertruppe bei der Obersten Heeresleitung als „Chef des Feldfliegerwesens“ geschaffen und daß ferner bei jedem Armeeoberkommando eine Dienststelle eingerichtet werden müsse, die als „Kommandeur der Flieger“ das beratende sachverständige Organ in allen Fliegerangelegenheiten bilden sollte. Unverständlicherweise lehnte der Chef des Generalstabes des Feldheeres diesen Vorschlag bei dem mündlichen Vortrag des Oberst v. Eberhardt im Großen Hauptquartier am 27. August 1914 ab, und es konnte seine Zustimmung nur dazu erreicht werden, daß der Inspekteur und 1 Adjutant für ihre Personen mobil wurden, um, soweit es die dringenden Dienstgeschäfte bei der Inspektion in Berlin gestatteten, die Fühlung mit den Frontverbänden und den taktischen Kommandostellen durch persönliche Rücksprache und Inaugenscheinnahme zu gewinnen und aufrechtzuerhalten.

Die Fliegerabteilungen selbst hatten inzwischen trotz der oben skizzierten mangelhaften Organisation ihre militärische Daseinsberechtigung erwiesen, und die Skepsis vieler Truppenführer gegenüber dieser jüngsten Waffe war ehrlicher Anerkennung gewichen. Sie äußerte sich am augenfälligsten in einem allgemeinen Ruf nach Fliegern.

Bevor die Heimat in der Lage war, überplanmäßige Abteilungen in das Feld hinauszuschicken, wurden durch Abzweigungen von Teilen der vorhandenen Abteilungen und Auffüllung aus den Ersatzabteilungen neue Abteilungen behelfsmäßig gebildet; die Festungsfliegerabteilungen waren bereits nach kurzer Zeit durch ihre Abteilungsführer selbständig von 4 auf 6 Flugzeuge verstärkt und wurden wie diese verwendet. Am 6. September 1914 beantragte der Chef des Generalstabes des Feldheeres beim Kriegsministerium ihre Umwandlung in Feldfliegerabteilungen.

Am 28. September 1914 konnte die erste überplanmäßige Fliegerabteilung Nr. 31 von Johannisthal nach dem östlichen Kriegsschauplatz in Marsch gesetzt werden.

Bei Kriegsausbruch waren in Deutschland für die Feldverbände 254 Flugzeugführer und 271 Beobachter vorhanden; irgendwelche Reserven nennenswerter Art standen nicht zur Verfügung. Es war daher für die 4 Ersatzabteilungen keine leichte Aufgabe, dem Befehl der Inspektion vom 15. August 1914 nachzukommen, „außer dem Nachersatz für die Feld- und Festungsfliegerabteilungen baldmöglichst jede eine überplanmäßige Feldfliegerabteilung aufzustellen“.

Es fehlte vor allem an Flugzeugführern, Beobachtern und Monteuren. Ein Aufruf des Kriegsministeriums zur freiwilligen Meldung für die Ausbildung als Flugzeugführer oder Flugzeugmonteur brachte rund 15 000 Meldungen. Am 18. August 1914 erging auf Vorschlag des Inspekteurs ein Erlaß des Kriegsministerums an sämtliche stellvertretenden Generalkommandos, zum Ersatz der Beobachter geeignete Bewerber aus den vorhandenen aktiven Offizieren, Reserve- und Landwehroffizieren, und zwar möglichst Freiballonführer, der Inspektion namhaft zu machen. Die Ausbildung der Flugzeugführer erfolgte bei 10 an Flugzeugfabriken angelehnte Fliegerschulen, während die Heranbildung der Beobachter den Fliegerersatzabteilungen oblag. Zur Gewinnung einer weiteren Ausbildungsstätte wurde am 18. August 1914 die Aufstellung einer neuen 5. Fliegerersatzabteilung in Hannover von der Inspektion befohlen.

Die ersten Flugzeugtypen

Die Flugzeuge, mit denen die Truppe in das Feld zog, waren in der Hauptsache **Rumpfdoppeldecker** der Firmen Albatros, Luftverkehrsgesellschaft, Aviatik, Deutsche Flugzeugwerke und Otto, **ferner Rumpfeindecker,** zumeist „Tauben“, die von Rumpler, Gothaer Waggonfabrik, Fokker und den deutschen Bristol-Werken gebaut wurden. Sie waren mit 100-PS-Motoren der Firmen Mercedes, Benz und Argus ausgestattet. Der Beobachter saß vor dem Führer; eine **Bewaffnung war nicht vorhanden.**

Die sogenannte „kriegsmäßige Höhe“ von 800 m mußten sie in 15 Minuten erreichen; ihre Steigfähigkeit reichte bis 1200 m, die Geschwindigkeit betrug mit einem Betriebsstofftank für 4 Stunden 90 bis 100 km in der Stunde. Die von der General-Inspektion des Militärverkehrswesens im Juni 1914 beabsichtigte Schaffung von 2 verbesserten Flugzeugtypen, einem **„leichten Typ Nr. II“** und einem „Kampfflugzeug“ hatte bis zum Kriegsausbruch noch zu keinem Erfolg geführt; der leichte Typ sollte als zweisitziges Flugzeug in 5 Minuten eine Höhe von 1000 m erreichen und eine nach unten und oben begrenzbare Geschwindigkeit von 90 bis 100 km in der Stunde besitzen, da man glaubte, daß derartig

Tafel 1: Fokker D VII gegen Spad S 13, Gemälde von A. B. Henninger

schnell fliegende Flugzeuge nur von besonders befähigten Führern gesteuert werden könnten. Es war zur Verwendung als Artilleriefiugzeug und für kleinere Aufklärungsflüge gedacht.

Der sogenannte **Typ III, das Kampfflugzeug,** sollte besonders für weite Erkundungsflüge, aber auch zum Tiefenflug im feindlichen Feuer sowie zum Angriff in der Luft und gegen Erdziele geeignet sein. Er war als Dreisitzer gedacht; der Motor sollte möglichst nicht über 200 PS, die Steigfähigkeit in 10 Minuten 800 m, die Geschwindigkeit mit Betriebsstoff für 6 Stunden und einer Nutzlast von 450 kg einschließlich Bomben zwischen 90 und 100 km in der Stunde betragen. Als Bewaffnung hatte man anscheinend nur an Bomben und Handfeuerselbstladewaffen, nicht aber an Maschinengewehre gedacht.

Die Flugzeug-Industrie

Die wöchentliche Leistungsfähigkeit der Industrie betrug am 31. August 1914 50 Flugzeugzellen und 18 Stand- sowie 6 Rotationsmotore, d. h. eine wöchentliche Herstellung von 24 Flugzeugen. Bei der damaligen Zahl von 37 Feld- und 7 Festungsfliegerabteilungen kam also für jede Abteilung nur etwa alle 2 Wochen ein Ersatzflugzeug in Betracht. Es bedurfte daher der Zusammenfassung und der Anspannung aller Kräfte der Industrie, um die Anforderungen zu befriedigen, die nicht allein die Fliegertruppe, sondern auch die Marine und das verbündete Österreich stellten. Unter Mitwirkung einer Kommission von Parlamentariern (Dr. Paasche, Erzberger, Frhr. v. Gamp-Massaunen, Graf v. Oppersdorf, Schulz-Bromberg, Graf v. Westarp, Dr. Wiemer), die sich aus eignem Antrieb zur Unterstützung des Kriegsministeriums gebildet hatte, wurden als Ergebnis wiederholter Besprechungen der Heeres- und Marineverwaltung mit den Vertretern der Industrie nachstehende Vorkehrungen getroffen:

Den Flugzeugfirmen wurden die geschulten Arbeitskräfte, soweit sie nicht durch dienstfreies Personal ersetzt werden konnten, belassen. Auf diese Weise wurden der Flugzeugindustrie rund 6000 Köpfe zur Verfügung gestellt. – Um der Industrie über Zahlungsschwierigkeiten hinwegzuhelfen, sollten auf die erteilten Bestellungen im Bedarfsfalle Vorschüsse gezahlt werden.

Zum Ausgleich der Gegensätze zwischen den einzelnen Interessentengruppen der Industrie wurde beim Kriegsministerium eine Zentrale geschaffen, die als Vermittlerin für alle Klagen und Wünsche aus diesen Kreisen dienen sollte.

Die Flugzeugfabriken ihrerseits steigerten durch Erweiterung der Betriebe ihre Leistungsfähigkeit erheblich; die Produktion der Motorenfabriken wurde zum Teil auch durch die Zuweisung erbeuteter Werkzeugmaschinen gefördert. Besonderer Wert wurde auf die Lösung der Frage gelegt, unter welchen Bedingungen der **Nachbau** von Flugzeugtypen einer Fabrik bei einem anderen Werke vor sich gehen könnte, ohne daß durch die Lizenzansprüche eine erhebliche Verteuerung eintrat; auch hier wurde durch die Einsicht der Flugzeugindustrie ein gangbarer Weg gefunden.

Die Erhöhung der Flugmotorenproduktion wurde dadurch erreicht, daß neben den erforderlichen Arbeitern und Maschinen genügend Rohstoffe rechtzeitig freigemacht und zugewiesen, daß Ingenieure der Fliegertruppe zur Abnahme der fertigen Motore zu den Fabriken kommandiert und daß letztens auch andere leistungsfähige Fabriken veranlaßt wurden, die Herstellung von Flugmotoren aufzunehmen. Allerdings bedurfte es erst langwieriger Verhandlungen hierüber mit dem Reichsmarineamt, das seinerseits zunächst Beschlag auf die Erzeugnisse einzelner Flugmotorenfabriken für seine Bedürfnisse gelegt hatte.

Bis zum 29. November 1914 konnten **462 neue Flugzeuge** an die Fliegertruppe geliefert werden.

Organisation

Zur Beschleunigung des Ersatzes erfolgte die Zuführung der Flugzeuge unter Zuhilfenahme von Flugzeugzwischendepots, die Anfang September 1914 in Köln, Trier, Saarburg, Graudenz und Posen eingerichtet waren. Die Zuleitung des Ersatzes stets dorthin, wo er am nötigsten war, konnte der Inspektion allerdings nicht gelingen, da ihr bei dem Fehlen verantwortlicher Waffendienststellen an der Front und bei dem eigenmächtigen Vorgehen der meisten Abteilungen und Parks, die durch „Kraftwagenexpeditionen" nach Deutschland neue Flugzeuge und Ersatzteile holten, vollständig die Übersicht über die Vorräte in der Heimat und den dringendsten Bedarf an der Front verloren gehen mußte.

Wenn es auch gelang, eine kleine Besserung dadurch herbeizuführen, daß die meisten Armee-Oberkommandos dem durch das Kriegsministerium vorgetragenen Wunsch der Inspektion um Schaffung von Stabsoffizieren der Flieger bei jedem A. O. K. im Oktober 1914 nachkamen, deren Aufhebung Ende Oktober 1914 der Chef des Generalstabes des Feldheeres übrigens erneut verlangte, so wollten bei Eintritt der Wintermonate die Klagen über ungenügende Leistungen der Fliegertruppe aus der Front nicht verstummen. Am 14. September 1914 schrieb der Chef des Generalstabes des Feldheeres bereits an die Generalinspektion, daß die Franzosen eine außerordentliche Überlegenheit in der Artilleriebeobachtung durch Flugzeuge besäßen und daß die Bitten der Truppen um Zuteilung besonderer Flugzeuge für Artilleriebeobachtung sich mehrten. Es wurde auch von einzelnen Armeen darauf hingewiesen, daß die Tauben infolge ihrer geringen Steigfähigkeit für Kriegszwecke nicht mehr genügten. Infolge der verbesserten Erdabwehrmittel hatte sich die „Kriegsmäßige Höhe" von 800 m auf 2000 m verschoben.

Als ausschlaggebendes Moment für das allmähliche Versagen der zu Beginn des Feldzuges so glänzend beurteilten Fliegertruppe kam die **völlige Wehrlosigkeit unserer Flugzeuge** gegenüber den mit Maschinengewehren bewaffneten feindlichen Fliegern hinzu. Wenn auch bereits auf der Jla in Berlin 1911 ein Flugzeug des Konstrukteurs Euler, wohl mehr symbolisch als praktisch geeignet, ein eingebautes Maschinengewehr zeigte, so hatte man an berufenen Stellen vor dem Kriege kaum mit einem ernsthaften, erbitterten Kampf in der Luft von Flugzeug zu Flugzeug gerechnet. Die Franzosen waren hierin weitsichtiger gewesen und hatten ihre Flieger seit Oktober 1914 allgemein mit Maschinengewehren bewaffnet. Pistolen mit Anschlagkolben und Karabiner sowie die in aller Eile aufgetriebenen, neueingeführten Selbstladegewehre waren keine gleichwertigen Waffen. So waren unsere Flieger gezwungen, beim Herannahen eines feindlichen Flugzeuges Reißaus zu nehmen, wobei sie auch noch infolge der geringen Wendigkeit und Schnelligkeit ihrer Flugzeuge im Nachteil waren.

März 1915 bis September 1916

Die Waffe, deren Unentbehrlichkeit der bisherige Verlauf des Krieges bewiesen hatte, war stumpf geworden. Aus dieser Erkenntnis heraus ging die O. H. L. nunmehr endlich die Bahnen, die ihr schon zu Anfang des Krieges vorgeschlagen waren. Als Folge einer Besprechung des zuständigen Abteilungschefs im Kriegsministerium und eines sachverständigen und begeisterten Vertreters der Fliegertruppe, des Majors Siegert, beim Chef des Generalstabes des Feldheeres im Dezember 1914 wurden zunächst die Etats der A. O. K's um die Stelle eines Stabsoffiziers der Flieger vermehrt, der als Berater in allen Fliegerangelegenheiten dienen sollte, während Major Siegert bis zu der beabsichtigten Neuorganisation als Sachverständiger zur Operationsabteilung der O. H. L. kommandiert wurde.

Am 11. März 1915 erging dann endlich die Allerhöchste Kabinettsordre, die bestimmte: „An die Spitze des Flieger- und Luftschifferwesens tritt ein Chef des Feldflugwesens, der dem Generalquartiermeister unterstellt wird.... Zu seinem Stabe treten je 1 Stabsoffizier der Flieger- und Luftschiffertruppen, die die Angelegenheiten ihrer Waffe bearbeiten. Zu jedem A. O. K. tritt ein Stabsoffizier der Flieger." Durch diese Ordre wurden die Flieger und Luftschiffer aus der Verkehrstruppe herausgenommen, die Inspektion des Luft- und Kraftfahrwesens und die Generalinspektion des Militärverkehrswesens ausgeschaltet und nach langem Kampf zwischen K. M. und O. H. L. über die Auslegung dieser Kabinettsordre traten auch die heimatlichen Inspektionen der Fliegertruppe und der Luftschiffertruppe unter die unmittelbare Befehlsgewalt des **Feldflugchefs.** Gleichzeitig wurden die bisherigen Etappenflugzeugparks von der Etappe losgelöst und dem Stabsoffizier der Flieger als Armeeflugparks unterstellt; der Park selbst wurde in einen Stamm und in Parkzüge, entsprechend der Zahl der auf den Park angewiesenen Abteilungen, gegliedert.

Zum Chef des Feldflugwesens wurde der Oberstleutnant im Generalstab Thomsen ernannt, der bereits vor dem Kriege als Chef des Stabes der Inspektion des Luft- und Kraftfahrwesens sich mit der einschlägigen Materie aufs beste vertraut gemacht hatte und neben einer außergewöhnlichen Arbeitskraft, einem zielklaren gesunden Urteil, eine gewisse abgeklärte Ruhe besaß, die für ein fruchtbringendes Arbeiten mit dem Bearbeiter der Fliegerangelegenheiten, dem rastlosen, phantasiebegabten Major Siegert, die beste Gewähr bot. Der Stab des Feldflugchefs bestand aus 10 Offizieren und oberen Beamten; geschickt zusammengesetzt ermöglichte er ein harmonisches schöpferisches Zusammenarbeiten in sich selbst, mit der O. H. L., mit den Dienststellen der Front und Heimat. Völlig fremd war ihm der „grüne Tisch", in lebendiger Fühlungnahme mit dem „fliegenden" Flieger und der heimatlichen Inspektion wurde der richtige Weg für Aufbau und Ausgestaltung der jüngsten Waffe gesucht, und, wie sich rückblickend beurteilen läßt, gefunden.

Die Bewaffnung

Die Tätigkeit des Feldflugchefs erstreckte sich in erster Linie auf die Ausstattung der Feldformationen mit leistungsfähigen Flugzeugen. Hierfür wurden der Inspektion vorübergehend die erfahrensten Flieger der Front zur Verfügung gestellt.
Mit besonderem Nachdruck wurde an der Bewaffnung der Flugzeuge gearbeitet. Nachdem bereits im Januar 1915 das erste luftgekühlte Maschinengewehr (Parabellum) der Deutschen Waffen- und Munitionsfabriken der Fliegerabteilung 48 überwiesen war, gelang es zunächst einmal, sämtliche Abteilungen bis zum 1. Mai 1915 mit **Mauserselbstladegewehren** auszurüsten.

Im Laufe des Jahres 1915 konnten der Front dann allmählich M. G. in größerer Menge überwiesen werden; neben dem Parabellum-Maschinengewehr (l. M. G. 14) wurde zunächst auf das M. G. der Firma Bergmann (l. M. G. 15) zurückgegriffen, bis es der Gewehrprüfungskommission gelang, aus dem normalen Infanteriemaschinengewehr ein leichtes M. G. 08 und in dessen weiterer Fortentwicklung das l. M. G. 08/15 zu schaffen. Die Schußgeschwindigkeit betrug durchschnittlich 600 Schuß in der Minute. Der Einbau erfolgte drehbar im Beobachtersitz, der hinter den Sitz des Führers verlegt wurde. Durch diese Anordnung, die wiederum eine Folge der vorderen, in der Mittellinie des Rumpfes gelagerten Motoranordnung war, konnte das Beobachter-Maschinengewehr nur nach rückwärts und rückwärts-seitwärts wirken; es war also nur eine Verteidigungs-, aber noch keine Angriffswaffe.

Der Anfang Mai 1915 erfolgte Abschuß des schon im Frieden bekannten französischen Fliegers Garros, dessen Eindecker ein M. G. besaß, das infolge der Anbringung von Geschoßabweisern an den beiden Blättern der Luftschraube das Schießen durch den Propellerkreis nach vorn gestattete, gab die sofort aufgenommene Anregung, etwas ähnliches auch bei uns zu versuchen.

Das synchronisierte MG

Die Verhandlungen mit den in Frage kommenden Stellen der Flugzeugindustrie hatten das überraschende Ergebnis, daß eine Konstruktion der Fokker-Werke Schwerin bereits fertig vorlag, die den Schuß durch den Luftschraubenkreis mit erheblich größerer Sicherheit gestattete als die Garros'sche Anordnung. Fokker kuppelte die Abzugsvorrichtung des M. G. mit dem Motor; es erfolgte die Schußauslösung, sobald der Führer die Kupplung betätigte, und da der Motor zur Luftschraube stets in einer unverrückbaren Stellung stand, gelang es, **die Geschoßauslösung nur in den Momenten herbeizuführen, in denen die Luftschraube sich nicht vor der Mündung des M. G. befand.** Neben der Unverletzbarkeit der Schraube hatte diese Konstruktion der französischen gegenüber den Vorteil, daß ein Abweisen von Geschossen nicht vorkam, die gesamte Munition also auf das Ziel zugelenkt werden konnte, ein Vorteil, der bei der durch die geringe Nutzlast der Flugzeuge bedingten kleinen Munitionsmenge als sehr erheblich angesehen werden konnte.

Die Möglichkeit, mit dem Flugzeug zu zielen und mit dem Motor zu schießen, gestattete die Verwendung von Einsitzern für den Luftkampf, die bedeutend schneller, wendiger und von größerer Steigfähigkeit waren und bei dem Fehlen eines zweiten Insassen außerdem die Mitnahme einer größeren Munitionsmenge erlaubten.

Der Einsatz der neuen Fokkereinsitzer an der Front, denen allerdings zur möglichst langen Geheimhaltung der neuen Erfindung das Überfliegen der **eigenen Linien verboten war,** brachte uns in ganz offenkundiger Weise die Überlegenheit in der Luft, trotz des zahlenmäßigen Übergewichts des Gegners. Nach verschiedenen teils in der Front, teils in der Heimat gemachten Versuchen konnten vom 1. Januar 1916 beginnend den Armeen **auch C-Flugzeuge** mit zwei, darunter einem durch den Motor gesteuerten, starr eingebauten nach vorn schießenden M. G. geliefert werden. Bis zum 1. Dezember 1915 waren 1138 Maschinengewehre (179 l. M. G. 08, 260 l. M. G. 08 fest eingebaut, 450 l. M. G. 14 und 249 l. M. G. 15) an die Truppe ausgegeben; vom April 1916 ab stiegen die Zahlen auf monatlich 300 bis 400 Stück l. M. G. 08/15 und 130 l. M. G. 14. Von einer weiteren Beschaffung des l. M. G. 15 wurde abgesehen.

Die Munition

Als Munition wurde zunächst die Infanteriemunition (S. bzw. S. M. K. Munition) verschossen. Gegen Luftziele erwies sie sich als nicht ausreichend, insonderheit nicht gegen Ballone. Hier handelte es sich darum, sie brennend zum Absturz zu bringen. Dies wurde erreicht durch die **Einführung der Phosphor-Brandmunition,** die nach vorübergehendem Gebrauch der Adler-B-Patrone seit Februar 1915 zu einem erfolgreichen Ballongeschoß entwickelt wurde. Die Schwierigkeit des Schießens von dem sich mit sehr großer Geschwindigkeit bewegenden Flugzeuge auf ebenso schnell fliegende Ziele konnte durch die Schaffung einer **Leuchtspurmunition,** die eine sichtbare Flugbahn erzeugt, sehr vermindert werden.

Unsere Überlegenheit im Luftkampf ist zweifellos zum Teil auch darauf zurückzuführen, daß die Zuführung der Geschosse ein Dauerfeuer bis 500 Schuß gestattete, während der Gegner Patronentrommeln von nur 40 Schuß verwendete. Bei der Bearbeitung der Waffenfrage hatte sich immer mehr die Überzeugung Bahn gebrochen, daß die Weiterentwicklung der Flugzeuge auch eine scharfe Trennung zwischen den Flugzeugwaffen und den Waffen der am Boden fechtenden Truppen verlangte, zwischen dem Feldflugchef und der Gewehrprüfungskommission (G. P. K.), der auch die Weiterentwicklung der Flugzeugwaffen oblag, herrschten ständige Ressortstreitigkeiten, da einmal die G. P. K. für ihre Selbständigkeit in der Fliegerwaffenfrage fürchtete, andererseits der Feldflugchef bei der G. P. K. zu wenig Verständnis für die Besonderheiten der Luftkampfwaffen und ein zu langsames und bürokratische Arbeiten voraussetzen zu müssen glaubte. Bereits hier sei gesagt, daß der Auffassung des Feldflugchefs Rechnung tragend, im April 1917 eine Versuchsabteilung für Fliegerwaffen mit einer M. G. Abteilung durch das Kriegsministerium bei der Inspektion der Fliegertruppen eingerichtet wurde, die alle mit der Flugzeugbewaffnung zusammenhängenden Fragen bearbeitete und auf die auch alle für die Flieger in Frage kommenden Versuche von der G. P. K. übergingen.

Die Flugzeugtypen

Die technische Entwicklung der Flugzeugtypen wurde durch den Übergang des Bewegungskrieges zum Grabenkrieg maßgeblich beeinflußt. Aus den **unbewaffneten A- und B-Flugzeugen,** mit denen die Fliegertruppe ins Feld gezogen war, hatte sich für die Zwecke der Erkundung und des Artillerieeinschießens das **bewaffnete C-Flugzeug** entwickelt, das abgesehen von einzelnen Abarten, wie dem Ago-Doppeldecker (einem Doppeldecker mit 2 Rümpfen, rückwärts gelagertem Motor, Schraube zwischen der Doppelrumpfkonstruktion), in seiner äußeren Form dem B-Flugzeug entsprach, allerdings mit erheblich größerer Motorstärke, die im Sommer 1915 150 PS betrug und bis zum Herbst 1916 auf 200 bzw. 220 PS erhöht werden konnte. Die erhöhte motorische Leistung, verbunden mit der Vervollkommnung der Flugzeugzelle, gestattete das Erreichen größerer Höhen, wozu die gesteigerte Luftabwehr zwang, und die Mitnahme einer größeren Nutzlast, die die Vorbedingung für die Mitnahme der zahlreichen neuen Beobachtungs- und Nachrichtenmittel (Lichtbildkammern, F. T. Gerät) sowie für Waffen und Munition war.

Das ausschließlich für den Luftkampf gebaute **E-Flugzeug** (leichte einsitzige Eindecker mit 80-PS-Umlaufmotor) wurde durch einsitzige **D-Flugzeuge** (Doppeldecker mit Umlauf- bzw. Standmotoren von durchschnittlich 160 PS) verbessert, wobei neben größtmöglicher Geschwindigkeit, Steigfähigkeit und Wendigkeit besonders hohe Anforderungen an die bauliche Sicherheit gestellt werden mußten. Die D-Flugzeuge besaßen als Verbindung zwischen Rumpf und Tragdeck zumeist nur noch einen Stiel, der so ausgebildet war, daß auf eine Verspannung durch Kabel oder Stahlband verzichtet werden konnte.

Die Notwendigkeit, die in den Stellungen liegenden Truppen mit dem erforderlichen Material ausrüsten und durch frische Mannschaften ablösen oder unterstützen zu können, führte, besonders bei beabsichtigten Unternehmungen größeren Stils und an Brennpunkten des Kampfes, zu einer Anhäufung von Truppenlagern und Kriegsgerät aller Art, vielfach auf engstem Raum, die zur Bekämpfung und Zerstörung durch Bombenabwurf geradezu herausforderte. Hierfür waren die C-Flugzeuge wegen ihrer geringen Tragfähigkeit nicht geeignet, um so weniger als bei der Unvollkommenheit des Zielgerätes nur der Massenabwurf erfolgversprechend sein konnte.

Tafel 2: Oberleutnant Bölcke, zeitgenössische Postkarte

Für den Bombenabwurf besonders konstruierte Großflugzeuge, sogenannte **G-Flugzeuge,** begannen im Januar 1915 mit den Versuchsflügen und zeigten gute Leistungen. Die Größe ihrer Tragflächen und der Einbau von meist 2 starken Motoren zu beiden Seiten des Rumpfes zwischen den Tragflächen ermöglichte die Mitnahme mehrerer Hundert-Kilo-Bomben neben einer dreiköpfigen Besatzung und 2 bis 3 M. G. nebst Munition. Im Oktober 1915 waren besonders große Bombenflugzeuge in Gotha, bei den Siemens-Schuckert-Werken und bei Linke-Hofmann im Bau, deren Spannweite über 40 m betrug und die beim Antrieb durch 2 bis 4 Motore von je 260 PS Nutzlasten von 2000 kg und mehr befördern konnten. Diese als **R-Flugzeuge** bezeichneten Riesenflugzeuge wurden erstmalig Anfang 1916 bei der Truppe im Osten erprobt. Von den G-Flugzeugen waren bis zum 1. Oktober 1915 25, bis zum 1. Februar 1916 36 Stück an die Heeresverwaltung abgeliefert.

Die Bomben

Die im Frieden für die Fliegertruppe zum Abwurf vorgesehene **A. P. K. Bombe,** hergestellt von der Artillerieprüfungskommission, war eine Kugelbombe, von 5 bis 10 kg Gewicht, die zumeist in den Boden einschlug und daher eine nur geringe Wirkung hatte. Sie wurde im Feld nicht verwendet. An ihre Stelle traten die **Carbonit-Bomben** der Carbonit-A. G. Diese waren von birnenförmiger Gestalt und wurden in den Kalibern von $4^1/_2$, 10, 20 kg hergestellt, sie pendelten sehr stark beim Herabfallen und wurden, da ihre breite Form dem Wind eine erhebliche Angriffsfläche bot, ziemlich abgetrieben. Das Treffen war also noch mehr oder weniger Zufallssache.

Eine erhebliche Verbesserung bedeutete die Einführung der **P. und W. Bombe,** so genannt nach der Prüfanstalt und Werft der Fliegertruppe, nach deren Angabe die neue Bombe in Zusammenarbeit mit der Firma Goerz in Friedenau konstruiert worden war. Die Versuche mit der P. und W. Bombe wurden Ende 1915 abgeschlossen; im Jahre 1916 ging die neue Munition an die Front. Sie wurde in den Gewichten von 12, 50, 100 und später sogar von 300 und 1000 kg hergestellt. Die Bombe hatte die äußere Form eines Torpedos, die günstigste Gestaltung, um den Luftwiderstand schnell zu überwinden. Zur Verhinderung des Pendelns waren an ihrem hinteren Ende Stabilisierungsflächen angebracht, der Zünder saß nicht wie bei den alten Bomben im Schwanz der Bombe, sondern im Kopf. Die Entsicherung erfolgte nicht mehr durch das Herausziehen eines Vorsteckers und durch das Herausdrehen des Zündpropellers beim Fall, sondern die unter Steigung gesetzten Stabilisierungsflächen ließen die Bombe rotieren und durch die Fliehkraft gewisse Zünderteile ausschwingen, die die Entsicherung während des Falles herbeiführten. Die 12-kg-Bombe diente zur Bekämpfung lebender Ziele, besaß daher eine starke Wandung und wenig Sprengstoff; nach der Detonation zerlegte sie sich in etwa 1400 Sprengstücke, die flach über den Boden hinstrichen; die schweren Kaliber waren Minenbomben, d. h. sie enthielten bei geringer Wandstärke aus hochwertigstem Material viel Sprengstoff. Die 100-kg-Bombe zerstörte ein Großstadthaus bis auf die Grundmauern, mit der 300- und 1000-kg-Bombe konnte man Häuserblocks zum Einsturz bringen, auch wenn sie auf Straßen oder Höfen aufschlug. Außer den Sprengbomben hatte die Fliegertruppe noch Brandbomben, die im Masseneinsatz durch Erzeugung schwer zu löschender Brände größere Vernichtungen herbeiführten.

Vorwegnehmend sei noch berichtet, daß 1918 kleinere Sprengbomben, sogenannte Iflmäuse und Iflbomben als Schlachtfliegermunition besonders für Masseneinsatz im Trichtergelände mit sehr guter Splitterwirkung verwendet wurden. Im Juni 1918 konnte die Front mit Trinkwasserbomben, im September 1918 mit Proviantbomben zum Abwurf an Fallschirmen für abgeschnittene Truppen beliefert werden.

Weiterer Ausbau

Trotz der großen Schwierigkeiten, die mit der inneren Festigung und dem Ausbau der bestehenden Front- und Heimatverbände sowie mit der Anpassung und Vervollkommnung des Materials und Personals an die durch den Stellungskrieg geschaffenen Verhältnisse verbunden waren, gelang es bis zum Oktober 1915 durch Umwandlung der Festungsfliegerabteilungen und Neuaufstellungen die Zahl

der Feldfliegerabteilungen auf 80

der Armeeflugparks auf 18

der Fliegerersatzabteilungen auf 12

zu erhöhen,

die sogenannten Brieftaubenabteilungen O (Ostende) und M (Metz) der O. H. L. in der Stärke von je 6 Abteilungen,

8 Artilleriefliegerabteilungen,

1 Versuchs- und Übungsflugpark der O. H. L. und

2 Kampfstaffeln für den Heimatschutz

neu aufzustellen.

Die als Brieftaubenabteilungen bezeichneten beiden Fliegerkorps der O. H. L. waren gedacht zur Lösung selbständiger Kampf- und Angriffsaufträge, zur schnellen Verstärkung an bestimmten Frontstellen (hierfür waren sie mit Eisenbahnwohnzügen ausgestattet, für die an vorbereiteten Flughäfen besondere Abstellgleise an den verschiedenen Armeefronten im Westen gebaut wurden), zum Schutz besonders wichtiger Unternehmungen (Einschießen schwerster Geschütze, Verhinderung feindlicher Luftaufklärung bei eignen Truppenverschiebungen), und zur Verhinderung feindlicher Fliegereinbrüche in das Heimatgebiet.

Dementsprechend war **die Ausbildung** nach folgenden Gesichtspunkten vorgeschrieben: Geschwaderflug in kleineren Gruppen wie in großen Verbänden; Heranbilden besonderer Formen für die Bewegung der Geschwader im Aufstieg, in der Versammlung, im Abwehrfeuer, bei Begegnung mit feindlichen Einzelflugzeugen und Geschwadern, beim Bombenwurf und im Rückflug; Übung im Fliegen bei Nacht; Ausbildung im Luftgefecht der Einsitzer, der Mehrsitzer und der Großflugzeuge, Schutz größerer und langsamerer Bombenflugzeuge durch begleitende schnellere Kampfflugzeuge, gründlichste Kenntnis im Bombenwurf unter Benutzung von Zielfernrohren.

Die beiden Fliegerkorps sollten also gewissermaßen als eine Elitetruppe die Grundlagen für die künftige Taktik der Fliegerwaffe im größeren Rahmen schaffen und die Träger der Entwicklung zu einer Haupt- und Entscheidungswaffe bilden. Wenn diese Absicht auch nicht erreicht werden konnte, die Fliegerkorps vielmehr allmählich sich für den Bombenangriff spezialisierten, so bildet allein ihre Aufstellung und vor allem der Inhalt des für ihre Tätigkeit gewählten Programms doch einen klaren Beweis dafür, daß der Feldflugchef schon damals das große Verwendungsgebiet der Flieger richtig erkannt hatte.

Die neuaufgestellten Artilleriefliegerabteilungen ähnelten in ihrer Zusammensetzung und Ausrüstung den Feldfliegerabteilungen, hatten jedoch zunächst nur 4 statt 6 C-Flugzeuge;

als Flugzeugführer waren ausschließlich Mannschaftsflieger tätig. Die Flugzeuge waren mit F. T. versehen, jede Abteilung besaß 2 F. T.-Empfangsstationen.

Funkentelegraphie

Bei Beginn des Krieges wurden für die Übermittlung der vom Flieger gemachten Beobachtungen an die Batterie zunächst **optische Signale** mit farbigen Leuchtkugeln verwendet, die allerdings bei ungünstiger Witterung bisweilen schwer erkennbar waren. Ende 1914 trat die Inspektion der Fliegertruppen in Verbindung mit der Verkehrstechnischen Prüfungskommission in Versuche ein, die Verbindung zwischen Flugzeug und Erde durch **Funkentelegraphie** herzustellen. Sie führten im Februar 1915 zur Gründung des Funkerlehrkommandos Döberitz, nachdem die im Januar 1915 bei der 2. Armee abgeschlossenen Frontversuche das äußerst günstige Ergebnis gezeitigt hatten, daß auf Entfernungen von 30 und 42 km die vom Flugzeug gegebenen Zeichen empfangen werden konnten. Die Vorteile der F. T.-Verbindung: größere Reichweite, Verwendbarkeit nicht nur für Artilleriebeobachtung, sondern auch für Fernaufklärung, die schnellere Abgabe der Signale und der Fortfall einer notwendigen Augenverbindung zwischen Flugzeug und Beobachtungsstation führten zur Einführung der neuen von den Firmen Huth und Telefunken gebauten Apparate. Von Mitte März 1915 erfolgte bei 3 Fliegerabteilungen bereits das Einschießen ausschließlich mit den neuen F. T. Stationen. Zwecks Raum- und Gewichtsersparnis erhielten die Flugzeuge zunächst nur einen Sendeapparat; die Fronterfahrung verlangte aber mehr und mehr auch den F. T. Empfang im Flugzeug. Er gelang, nachdem ein geeigneter Lautverstärker von der Firma Telefunken konstruiert war, und bereits im Juni 1915 glückte ein Feindflug, bei dem 2 Flugzeuge sowohl miteinander wie mit der F. T. Erdstation einer Batterie im Wechselverkehr standen. Im Sommer 1916 konnte der O. H. L. ein Flugzeugexerzieren nach F. T. Befehlen im Geschwaderverband vorgeführt werden.

Schulung

Zur Bewältigung des durch die Verluste und Neuaufstellungen stets größer werdenden Personalersatzes wurde bei jeder Fliegerersatzabteilung eine Militärfliegerschule eingerichtet; im Oktober 1915 befanden sich bei diesen und bei den 17 Fabrikfliegerschulen rund 2100 Flugschüler in der Ausbildung. In 4 Beobachterschulen bei Ersatzabteilungen ging die Heranbildung des Beobachternachwuchses vor sich; Sonderausbildungsstätten befanden sich außerdem in Jüterbog zur Ausbildung von Artillerieoffizieren in der Zielerkundung und Feuerbeobachtung vom Flugzeug aus, in Döberitz zur Unterweisung des Fliegerfunkerpersonals. Monteurkurse fanden bei den Firmen Benz und Daimler und bei der Motorenfabrik Oberursel, Kurse für Schweißer und Spleißer in Großenhain, Sonderlehrgänge bei der Magnetfirma Bosch statt.

Der verfügbar gewordene Stamm des Armeeflugparks 1 in Tergnier wurde im Oktober 1915 zu einem „Versuchs- und Übungsflugpark West der O. H. L.“ ausgebaut und diente in der Hauptsache neben der Vornahme von Frontversuchen der Ausbildung von Führern und Beobachtern; in gleicher Weise fand kurze Zeit später die Umwandlung des Armeeflugparks Woyrsch in den „Versuch- und Übungsflugpark Ost“, der der Inspektion unterstellt wurde, statt.

Unsere Verbündeten mußten nach wie vor mit Material und Personal unterstützt werden; im Februar ging der deutsche Hauptmann Serno als türkischer Feldflugchef nach Konstantinopel; zur Überführung von Flugzeugen nebst Munition, Ersatzteilen und Material nach Adrianopel wurde in Czernahevic eine Transportfliegerabteilung stationiert.

Bis zum April 1916 hatten sich die Frontfliegerverbände auf

17 Stabsoffiziere der Flieger mit Stäben,

81 Feldfliegerabteilungen,

27 Artilleriefliegerabteilungen,

17 Armeeflugparks

vermehrt; die Brieftaubenabteilungen O und M wurden im Dezember 1915 aufgelöst und als Kampfgeschwader der O. H. L. Nr. 1 und 2 zu je 6 Kampfstaffeln mit 6 C-Flugzeugen ausgerüstet formiert.

Neu aufgestellt wurden die Kampfgeschwader O. H. L. Nr. 3 bis 5 unter Verwendung von Material und Personal, das ursprünglich für die Bildung von schweren Fliegerabteilungen Nr. 101 bis 103 vorgesehen war. Die Geschwader standen im April 1916 an der Westfront für die Erfüllung ihrer Aufgaben bereit. Sie wurden in erster Linie für den Bombenangriff verwendet, waren aber auch eine schnell bewegliche Reserve für bedrohte Fronten. Nicht im Geschwaderverband stehend, dienten weitere 6 einzelne Kampfstaffeln dem Bombenwurf.

Zur Erprobung der R-Flugzeuge wurden 2 R-Flugzeugabteilungen Nr. 500 und 501 in Alt-Auz (Kurland) stationiert.

Als erste „Pascha“-Abteilung wurde im Februar 1916 die Fliegerabteilung Nr. 300 in der Stärke von 2 Feldfliegerabteilungen für das Deutsch-Türkische Expeditionskorps ins Feld geschickt. 2 Monate später wurde das Deutsche Fliegerausbildungskommando für Bulgarien in Sofia aufgestellt, zu dem Zweck, der bulgarischen Armee mit Rat und Tat bei der Schaffung einer bulgarischen Fliegertruppe nach deutschem Muster zu helfen.

Zugunsten einheitlicher Versorgung wurden die einzelnen Feld- und Artilleriefliegerabteilungen mit je einer einzigen Flugzeugart ausgestattet; die noch mit B-Flugzeugen ausgerüsteten Artilleriefliegerabteilungen erhielten durchgehend C-Flugzeuge; der Flugzeugtyp der Parkzüge entsprach dem der Abteilungen, den Parks selbst wurden nicht mehr frontfähige C-Flugzeuge zu Schulzwecken überwiesen. Die Motorenstärke der C-Flugzeuge war auf 220 PS, der E-Flugzeuge auf 160 PS gestiegen.

Für die Ausbildung von Personal im Heimatgebiet wurden eine Artillerie-Beobachterschule in Groß-Auz und eine Geschwaderschule in Freiburg zur Ausbildung von Flugzeugführern und M. G. Schützen für die Kampfgeschwader neu geschaffen.

Die dauernden Reibereien mit dem Reichsmarineamt wegen der Verteilung der Produktion an Flugzeugen, Motoren und Luftwaffen führten im Mai 1916 dazu, daß ein Seeoffizier dem Stabe des Feldflugchefs zugeteilt wurde, bei dem nunmehr eine zentralisierte Bearbeitung dieser Angelegenheit erfolgen konnte.

Im März wurden die Intendanturgeschäfte der Flieger- und Luftschiffertruppe von der Intendantur des Militärverkehrswesens abgetrennt und einer neugegründeten Intendantur der Luftstreitkräfte übertragen.

Zur Vorbereitung des Baues der Fliegerstationen für das III., VI., VII., IX., XX. und XXI. Armeekorps wurde ein „Bauausschuß der Fliegertruppen“ gebildet, in dem durch die Beigabe eines fronterfahrenen Fliegeroffiziers die Rücksichtnahme auf die Kriegserfahrungen bei der Auswahl der Plätze und bei der Ausgestaltung der Stationen gewährleistet werden sollte.

Oktober 1916 bis Mai 1917

Der bisherige planmäßige Ausbau der Fliegertruppe hatte die für Ersatz, Neuaufstellungen, Bewaffnung und Ausrüstung gesteckten Ziele erreicht; weiterhin aber hatten die Kämpfe um Verdun und vor allem die Sommeschlacht klar erkennen lassen, daß die unerwartet große Anhäufung von Fliegerverbänden aller Gattungen bei den gewaltigen Materialschlachten eine Erweiterung der bisherigen Organisation notwendig machte. Gegenüber der zahlenmäßigen Überlegenheit der Gegner, denen der ganze Weltmarkt und ein riesiges Menschenreservoir auch für den Ausbau ihrer Luftwaffe zur Verfügung standen, konnten die deutschen Luftstreitkräfte nur durch die qualitative Überlegenheit von Personal und Material und vor allem durch zielbewußte Kräfteverteilung und bessere Taktik auf Erfolge hoffen. Es war ferner damit zu rechnen, daß die Gegner versuchen würden, durch großangelegte Luftangriffe gegen das vom unmittelbaren Kriege bisher völlig verschont gebliebene Heimatgebiet unsere Widerstandskraft zu brechen und durch Zerstörung der an der Westgrenze gelegenen Industriezentren die Herstellung unseres Kriegsgerätes noch mehr zu erschweren; auch hiergegen konnte uns nur der planmäßige zusammengefaßte Einsatz unserer gesamten Luftabwehrmittel in der Heimat schützen.

Zur Erreichung dieses Zieles hielt der Feldflugchef die Schaffung einer starken Kommandogewalt als Spitze der deutschen Luftstreitkräfte sowie die Erweiterung der Stellung und des Aufgabenkreises der Stabsoffiziere der Flieger für erforderlich.

Die O. H. L. konnte sich den ernsten Darlegungen des Obersten Thomsen nicht verschließen und erwirkte eine Allerhöchste Kabinettsordre vom 8. Oktober 1916, die bestimmte: „Die wachsende Bedeutung des Luftkrieges erfordert es, die gesamten Luftkampf- und Luftabwehrmittel des Heeres, im Felde und in der Heimat in einer Dienststelle zu vereinigen. Hierzu bestimme ich: der einheitliche Ausbau, die Bereitstellung und der Einsatz dieser Kriegsmittel wird einem **„Kommandierenden General der Luftstreitkräfte“** übertragen, der dem Chef des Generalstabes unmittelbar unterstellt wird. Der Chef des Feldflugwesens tritt, unter Aufhebung seiner Dienststelle, als Chef des Generalstabes zum Kommandierenden General der Luftstreitkräfte“. Mit der Wahrnehmung der Geschäfte des kommandierenden Generals wurde der **Generalleutnant v. Hoeppner** beauftragt; er entstammte der Kavallerie, einer der Fliegerwaffe wesensverwandten Truppe und hatte während seiner langen Tätigkeit als Generalstabsoffizier und höherer Truppenführer Vortreffliches geleistet. Mit bewundernswerter Schnelligkeit verstand es Exzellenz v. Hoeppner sich in die ihm immerhin fremde Welt einzuarbeiten; mit großer persönlicher Liebenswürdigkeit verband er einen kräftigen, energischen Willen, der ihn befähigte, das für die ihm unterstellte Streitmacht als notwendig Erkannte höheren Ortes auch durchzusetzen. Oberst Thomsen trat als Generalstabschef zu ihm.

Die allgemeine Lage im Luftkriege bei Schaffung der neuen Kommandogewalt und die sich aus ihr ergebenden Maßnahmen für den Ausbau der Fliegertruppe während des Winters 1916/17 waren folgende: Auf der Westfront war die Ausstattung aller Fliegerabteilungen und des größten Teils der Artilleriefliegerabteilungen mit 160 PS C-Flugzeugen, bewaffnet mit einem 2. M. G. zum Schießen nach vorn durch den Luftschraubenkreis, durchgeführt. Die seit August zur Überweisung kommenden C-Flugzeuge mit 200 bzw. 260 PS Motoren zeigten einen erheblichen Fortschritt in der Flugleistung.

Die Ausstattung der Feldfliegerabteilungen mit je 4 einsitzigen E-Flugzeugen war beendet; der der Front zugeführte einsitzige Kampfdoppeldecker (D-Flugzeug), überlegen an Geschwindigkeit, Steigkraft und Wendigkeit, sollte an die Stelle des E-Flugzeuges treten, das nur durch das rücksichtslose Draufgehen seiner Führer gegenüber den besseren Kampfdoppeldeckern des Gegners sich hatte behaupten können.

Tafel 3: Hauptmann Bölcke vor seinem Flugzeug, zeitgenössische Postkarte

Die Westfront verfügte Ende September über 34 Artilleriefliegerabteilungen, deren allgemeine Ausrüstung mit Gerät für F. T.-Wechselverkehr im Gange war.

Seit Ende August 1916 waren 7 Kampfgeschwader verfügbar, die jedoch nur ganz vereinzelt und vorübergehend zu großzügigen Luftangriffen gegen entferntere Ziele im Rücken der feindlichen Front verwendet werden konnten. Die zahlenmäßige Überlegenheit des Gegners zwang vielmehr dazu, sie in der Mehrzahl bei Verdun und an der Somme staffelweise zu Sperrflügen oder zum Schutz von Artilleriefliegern einzusetzen. Die Luftangriffe auf Dünkirchen und Bar-le-Duc hatten indessen bewiesen, daß sich starke Erfolge durch planmäßige, gut vorbereitete, zeitlich und räumlich zusammengefaßte Bombenangriffe wohl erreichen ließen.

Die Kämpfe um Verdun und an der Somme hatten gelehrt, daß unter den Kampfverhältnissen des stehenden Krieges die taktische Kleinerkundung und das Fliegen im Dienste der Artillerie an erster Stelle standen, daß die Verhinderung des feindlichen und die Durchführung des eignen Artillerieeinschießens von ausschlaggebender Bedeutung für den Verlauf der gesamten Kampfhandlungen war. Zur Erreichung dieses Zieles mußten die feindlichen Luftstreitkräfte unbedingt im Schach gehalten werden.

Neben der technischen Vervollkommnung der Flugzeuge und ihrer gesamten Ausrüstung waren hierfür erforderlich:

Vermehrung der Verbände, die zur Lösung der beiden Hauptaufgaben: Erkämpfung der Luftherrschaft und Durchführung des Artillerieeinschießens und der Kleinerkundung nötig waren. Vervollkommnung der Ausbildung unserer Kampfflieger und der Kampfformen für den Luftkampf.

Diesen Forderungen wurde durch folgende Maßnahmen Rechnung getragen: Die Erhöhung der Feld- und Artilleriefliegerabteilungen wurde planmäßig auf 140 Abteilungen festgelegt; da bei allen Armeen beide Arten Abteilungen mehr und mehr für die gleichen Aufgaben (Kleinerkundung und Artillerieeinschießen) in Anspruch genommen wurden und auch die Feldfliegerabteilungen 4 mit F. T. ausgerüstete Flugzeuge besaßen, war eine verschiedenartige Benennung nicht mehr am Platze. Sie wurden als „Fliegerabteilungen" bezeichnet und die für den artilleristischen Dienst vorzugsweise vorgebildeten und ausgestatteten Abteilungen durch Beifügen eines (A) gekennzeichnet. Bis zum März 1917 wurde durch die Umwandlung und durch Neuaufstellungen die Zahl von 48 Fliegerabteilungen und 96 Fliegerabteilungen (A) erreicht.

Die vorhandenen Jagdstaffeln wurden bis zum März 1917 auf 36 erhöht. Die Angliederung der E-Flugzeuge an die Feldfliegerabteilungen hatte sich nicht bewährt; bereits im August 1916 hatte der Feldflugchef die etatsmäßige Aufstellung von Jagdstaffeln zu je 12 Flugzeugen beim Kriegsministerium beantragt, nachdem erkannt worden war, daß die in Gruppen zusammengefaßten Einsitzer die für den Luftkampf günstigste Form darstellten. Mit der Schaffung der Jagdstaffeln, zu deren Führern die erfahrensten und erfolgreichsten Jagdflieger ernannt wurden, trat zu den bisherigen Fliegerverbänden eine neue Gattung, deren Erfolg außer von der Güte ihrer Flugzeuge und Waffen in erster Linie von dem Kampfgeist und der Todesverachtung ihrer Besatzungen abhing.

Die Jagdstaffel 2, deren ruhmreicher Führer **Hauptmann Boelcke** unbesiegt am 28. Oktober 1916 gefallen war, erhielt durch Allerhöchste Kabinettsordre die Bezeichnung „Jagdstaffel Boelcke". – Zur schnellen und eingehenden Ausbildung im Staffelflug und Luftkampf wurden zunächst die immobilen Kampfeinsitzerschulen Paderborn und Großenhain vorübergehend, als dauernde Einrichtung die Jagdstaffelschule in Valenciennes geschaffen.

Die in der Sommeschlacht bereits vorgenommene Zerteilung der Kampfgeschwader für den Schutz der Artillerieflugzeuge wurde durch die Auflösung der Kampfgeschwader 3, 5, 6 und 7 und Umwandlung von 27 Kampfstaffeln in Schutzstaffeln organisch bestätigt. Die in den umgewandelten Kampfstaffeln befindlichen Offizierflugzeugführer wurden durch Unteroffizier- und Mannschaftsflieger ersetzt und bildeten einen wertvollen Zuwachs für die neuen Jagdstaffeln. Der gewissermaßen unter dem „Druck der öffentlichen Meinung" vom Chef des Generalstabes aufgestellten Forderung, auch die Kampfgeschwader 1, 2 und 4 in Schutzstaffeln umzuwandeln, widersetzte sich der Kommandierende General mit Erfolg, da er nach wie vor, und mit Recht, von der Wichtigkeit in sich geschlossener Geschwader für den Bombenangriff überzeugt war.

Die Stellen der Stabsoffiziere der Flieger wurden in **„Kommandeure der Flieger"** umgewandelt; sie waren nun nicht mehr allein ein beratendes Organ des A. O. K., sondern Vorgesetzte aller Flieger ihrer Armee und dem Kommandierenden General verantwortlich für den richtigen Einsatz und die zweckmäßigste Verteilung. Ihre Stellung erforderte viel Geschick und Energie, da sich die Auffassung der Armee nicht immer mit der des Kommandierenden Generals der Luftstreitkräfte deckte.

Mit der Erfüllung dieses gewaltigen Programms waren an die Inspektion der Fliegertruppen außerordentliche Anforderungen herangetreten. Um die glatte und fristgerechte Durchführung zu gewährleisten, war eine Umorganisation dieser Behörde, der im Juli 1916 bereits 46 einzelne Heimatverbände unterstanden, notwendig geworden. Mit ihr wurde der bisher im Stabe des Kommandierenden Generals befindliche Major Siegert beauftragt.

Ohne auf die Umwandlungen in der Heimat im einzelnen näher einzugehen, sei hier nur erwähnt, daß nach ihrer Durchführung die Gesamtstärke der Flieger im Heimatgebiet im Juni 1917 (ausschließlich Heimatluftschutz mit 750 Köpfen und 100 Flugzeugen) über 3000 Offiziere, 4000 Unteroffiziere und 35 000 Mann betrug. Zur gleichen Zeit hatten sich in der Front bei rund 46 000 Köpfen, worunter 4210 Offiziere waren, und 2360 Flugzeugen, gegenüber Kriegsbeginn die Zahl der Köpfe nahezu verzehnfacht, die Zahl der Flugzeuge etwa versiebenfacht.

Erwähnt sei ferner noch, daß die eigentliche Beobachterausbildung von den Ersatzabteilungen abgetrennt und besonderen Beobachterschulen in Schwerin, Köln, Königsberg, Thorn, Jüterbog, Warschau und Tergnier übertragen wurde. Bei den Ersatzabteilungen verblieben Beobachtervorschulen, die gleichsam die Elementarschulen zu den Gymnasien der Beobachterschulen bildeten.

Im Flugzeugbau hatte die durch die verlangte Verdoppelung bis Verdreifachung der Leistungen verursachte vollständige Veränderung der wirtschaftlichen Grundlagen dazu geführt, die seitherige Serienzahl der Flugzeuge wesentlich zu erhöhen, die Zahl der Typen dagegen einzuschränken. Es wurden Serien bis zu 400 Stück und darüber gleichzeitig bei einer Firma in Auftrag gegeben, ebenso wurden in größerem Umfange bewährte Typen bei Firmen bestellt, die bis dahin nur ihr eigenes Modell gebaut hatten. Der monatliche Flugzeugbedarf betrug rund 1000 Stück.

Durch den Rohstoffmangel der Heimat gezwungen, wurde eine besondere „Fliegerhallen- und Zelteabteilung" geschaffen, die dem Kommandierenden General unmittelbar unterstellt war. In den Hallenwerken Alt-Auz bei Mitau (Kurland) und Schirmeck (Vogesen), später Nurzec in Polen, sowie in dem Flieger-Eisenwerk Marly bei Valenciennes, dem eine Instandsetzungswerkstätte für Fliegerzelte angegliedert war, wurde der gesamte Bedarf an Flugzeughallen ohne fremde Hilfe nur aus Baustoffen der besetzten feindlichen

Gebiete hergestellt. Bis Kriegsende betrug die Gesamtleistung der Abteilung: 4180 Holzhallen und Baracken, 126 eiserne Flugzeughallen und rund 76 000 Tonnen Eisenkonstruktionen und sonstige Eisenteile.

Hand in Hand mit der Erhöhung der Flugleistungen gingen die Bestrebungen, die **Bewaffnung** der Flugzeuge zu verbessern. Das I. M. G. 14 erhielt zur Erleichterung einen Luftkühlmantel mit geringerem Durchmesser und einen verkürzten Lauf; die Änderungen führten zum I. M. G. 14/17. Das bisherige LE-Leuchtspurgeschoß wurde durch das SmK-Geschoß mit 400 m Leuchtspur überholt; mit seinem an der Spitze befindlichen Stahlkern stellte es gleichzeitig ein Wirkungsgeschoß gegen gepanzerte Flugzeugteile dar.

Juni 1917 bis November 1918

Anfang Juni wurden in einer Besprechung zwischen dem Kommandierenden General und dem Inspekteur die Richtlinien für den durch den Eintritt Amerikas in den Krieg notwendig gewordenen weiteren Ausbau der Fliegertruppe in Front und Heimat festgelegt. Angesichts der Einstellung Amerikas konnte in erster Linie mit einer Unterstützung seiner Verbündeten durch Kriegsgerät und technische Truppen gerechnet werden, wobei anzunehmen war, daß auch die englisch-französischen Luftstreitkräfte zunächst weniger durch Zufluß geschlossener amerikanischer Verbände als durch Einsatz von technischem Personal in den Fabrikationsstätten und Ersatzformationen eine erhebliche Verstärkung erfahren würden. Neben der hierdurch zunächst gewonnenen größeren Leistungsfähigkeit in bezug auf das Material war selbstverständlich auch allmählich ein Zuwachs an fliegendem Personal zu erwarten, um so mehr, als das Auftauchen amerikanischer Eskadrillen vor der Kriegserklärung Amerikas bereits dessen Interesse an einer derartigen Kriegsausübung gezeigt hatte.

In Übereinstimmung mit dem Chef des Generalstabes der O. H. L. hielt der Kommandierende General gegenüber der zu erwartenden, immer größer werdenden zahlenmäßigen Überlegenheit der feindlichen Luftstreitkräfte in erster Linie eine außerordentliche Verstärkung unserer Jagdstaffeln und ihr Zusammenfassen in festgefügte Geschwader für notwendig; ferner mußte die Zahl der für die Artillerie besonders vorgebildeten Fliegerabteilungen erhöht werden. Die gleichen Gedankengänge, die zur Aufstellung des Winterprogramms für 1916/17 geführt hatten, leiteten zu gleichen Forderungen für das „Amerikaprogramm", nur in umfangreicherem Rahmen und unter sehr viel größeren, durch die Schmälerung der Vorräte an Personal und Material im Heimatgebiet bedingten Schwierigkeiten.

Zahlenmäßig umfaßte das **Amerikaprogramm** die Neuaufstellung von 40 Jagdstaffeln, einem Geschwaderstab und 17 Fliegerabteilungen (A). Bezüglich der letzteren erfuhr es später eine Abänderung, da durch die im Osten freigewordenen Fliegerabteilungen eine Entlastung der an der Westfront eingesetzten Kräfte eintrat, die gestattete, von der Aufstellung neuer Fliegerabteilungen abzusehen; dafür wurden 34 bestehende Fliegerabteilungen (A) von 6 auf 9 Flugzeuge verstärkt.

Die Ausbildung des für die neuen Verbände erforderlichen Personals machte die Vergrößerung der bei den 13 Ersatzabteilungen bestehenden Fliegerschulen, die Vermehrung der Artillerie-Fliegerschulen Ost, ferner die Neuaufstellung einer zweiten Jagdstaffelschule bei Valenciennes und der Flieger-Ersatzabteilung Nr. 14 mit Fliegerschule notwendig. – Bei der Schwierigkeit genügenden Nachwuchses an Beobachter-Offizieren mußten an deren Stelle Unteroffiziere und Mannschaften als Fliegerschützen treten, sobald es sich überwiegend um reine Kampftätigkeit, wie beispielsweise bei den

Schutz-(Schlacht-)Staffeln handelte. Die Ausbildungszeit zum frontverwendungsfähigen Flugzeugführer wurde auf rund 9 Monate berechnet, während die Dauer der Beobachterausbildung auf 4 bis 6 Monate, der Fliegerschützen auf 3 bis 5 Monate, des übrigen Bordpersonals auf 4 bis 6 Monate angenommen werden konnte.

Der Mannschaftsbedarf betrug bis zum 1. Januar 1918 24 443 Mann, die Flugzeugindustrie war auf eine monatliche Lieferung von rund 2000 Flugzeugen und 2500 Motoren einzustellen, der Monatsbedarf an Maschinengewehren erhöhte sich auf 1500 Stück, das Betriebsstoff-Kontingent stieg auf eine monatliche Menge von 12 000 Tonnen Benzin und 1200 Tonnen Öl. Den Flugzeugfabriken mußten bis Ende 1917 2000 Arbeiter, den Motorenfabriken 5000 Arbeiter zugewiesen und sämtliche vorhandenen Arbeiter ohne Rücksicht auf Alter und Kriegsverwendungsfähigkeit belassen werden.

Eine Erweiterung erfuhr das Programm während seiner Durchführung durch die Bildung der Jagdstaffel Nr. 81 aus dem im Osten freigewordenen Material und Personal, durch die Aufstellung der Stäbe von 5 Jagdgruppenführern und durch die Umwandlung der 4 Kampfgeschwader O. H. L. in 7 Bombengeschwader O. H. L. Zur Verwendung bei dem Generalstabslehrgang in Sedan wurde ferner eine „Flieger-Übungsabteilung“ errichtet und dem Heeresgruppenkommando F in der Türkei eine neu aufgestellte Fliegerabteilung Nr. 305 überwiesen, nachdem bereits im Juni 1917 bei Bildung dieser Heeresgruppe ein Kommandeur der Flieger, die Fliegerabteilungen Nr. 301 bis 304 und ein Armeeflugpark ihr zugeteilt worden waren.

Der Auffassung des Kommandierenden Generals, daß uns die rein zahlenmäßige Erfüllung des Amerikaprogramms allein niemals die Ebenbürtigkeit, viel weniger die Vorherrschaft im Luftkampf sichern würde, Rechnung tragend, richtete der Inspekteur einen eindrucksvollen Appell an die Industrie, der Truppe die überlegenen Kampfmittel in die Hand zu geben, die für den Sieg die Vorbedingung waren.

Hier stand an erster Stelle die Forderung nach einem **neuen Jagdflugzeug,** nachdem die im Frühjahr 1917 herausgebrachten Typen durch den Gegner überholt waren. Es galt ferner, die Fliegerabteilungen in noch größerem Umfange als bisher für ihre einzelnen Aufgaben mit Sonderflugzeugen auszustatten.

Den C-Flugzeugen für die Fern-, für die Nahaufklärung und für das Artillerieeinschießen hatten sich Schutzflugzeuge (erleichterte C-Flugzeuge), Lichtbildflugzeuge und Infanterieflugzeuge zugesellt, die in ihrer Bauart, in ihren Flugleistungen, in ihrer Ausstattung und Bewaffnung noch weiter verbessert werden mußten.

Für die **Kampfgeschwader**, die durch erfolgreiche Unternehmungen hinter der Front und im Etappengebiet des Gegners sowie weit in Feindesland, vor allem über das Meer nach England, die ihnen vom Kommandierenden General zuerkannte Bedeutung voll bewiesen hatten, mußten entsprechend ihrer Verwendung bei Tage oder in der Nacht Sonderflugzeuge gebaut werden.

Schutz der Besatzungen durch Fallschirme wurde verlangt.

Die Feuerkraft sollte neben der Einführung neuer M.-G.-Arten (mehrläufig, motorgetrieben) vor allem durch die Verbesserung für Bedienung und Patronenzufuhr der vorhandenen Waffen verstärkt werden.

Dank der hingebungsvollen Arbeit aller Dienststellen in Front und Heimat sowie der Industrie gelang es, trotz der gewaltig sich türmenden Schwierigkeiten das gestellte Programm fristgerecht zu erfüllen.

Im Januar 1918 wurden 8 weitere Schutzstaffeln Nr. 31 bis 38 durch Umwandlung von Fliegerabteilungen aufgestellt; ihr Aufgabenkreis hatte sich, nachdem durch die Verstärkung der Fliegerabteilungen diese sich selbst schützen konnten, inzwischen erweitert. Zuerst versuchsweise, dann planmäßig, waren sie, in niedrigen Höhen fliegend, zur Unterstützung der stürmenden Infanterie gegen Erdziele mit M.-G.-Feuer und leichten Abwurfbomben eingesetzt worden und hatten, wie Gefangene aussagten, gewaltigen Schrecken und Verwirrung angerichtet. Ihrem nunmehrigen offensiven Charakter entsprechend wurden die Schutzstaffeln Anfang 1918 in **Schlachtstaffeln** umbenannt.

Zur gleichen Zeit konnte trotz der Beanspruchung durch das Amerikaprogramm die Neuaufstellung des Bombengeschwaders O. H. L. Nr. 8 erfolgen. Als Organisator des Flugwesens wurde Anfang April Hauptmann Seber zum finnischen G. H. Q. des Generals Mannerheim kommandiert; für die Heeresgruppe F wurde eine Jagdstaffel F neu aufgestellt.

Der Nachwuchs geeigneter Persönlichkeiten gestattete die Bildung von zwei neuen Jagdgeschwaderstäben Nr. 2 und 3 sowie der Jagdgruppenführerstäbe Nr. 6 bis 12.

Ende Januar 1918 befahl die O. H. L. trotz des Einspruches des Kommandierenden Generals den Übertritt des gesamten Funkerpersonals und Funkgerätes der Fliegertruppe zur Nachrichtentruppe, eine Maßnahme, die bei der Verschiedenheit zwischen dem F. T. Verkehr der Luftstreitkräfte und dem der Erdtruppen zu Nachteilen führen mußte.

Bei den großen Angriffskämpfen des Frühjahrs 1918 im Westen hatte die Fliegertruppe, vor allem dort, wo sie als selbständig kämpfende Waffe auftrat, die besten Erfolge. Der neu an die Front gekommene **Fokker D VII** war als Jagdflugzeug überlegen; die Höhe von **6000 m** erreichte er in 18 Minuten, mit einer Stundengeschwindigkeit von 200 km verband er eine außerordentliche Wendigkeit. Die Verbesserung der G-Flugzeuge ließ den Bombenangriff in besonderem Maße aufleben; auch die R-Flugzeuge waren so vervollkommnet worden, daß sie an der Westfront eingesetzt werden konnten.

Leider versagte in vielen Fällen die Fliegertätigkeit im Dienste der Artillerie, da die oben erwähnte Neuordnung des F. T. Wesens sich nocht nicht hatte einspielen können.

Am 14. Mai 1918 hatte das von dem am 21. April 1918 nach 80 siegreichen Luftkämpfen gefallenen **Rittmeister Freiherrn von Richthofen** zuletzt geführte Jagdgeschwader die Bezeichnung „Jagdgeschwader Freiherr von Richthofen Nr. 1“ durch den Kaiser erhalten.

Die Unterstützung der Entente durch Amerika im Flugwesen hatte sich nicht in dem erwarteten Umfange vollzogen. Die von amerikanischer Seite frühzeitig verkündeten hochfliegenden Pläne hatten sich nicht im bescheidensten Maße erfüllen lassen. Der mit dem Mangel an Erfahrungen im Flugzeug- und Motorenbau nicht zu vereinbarende Ehrgeiz, eine mächtige Luftflotte aus eigenem Können zu schaffen, hatte Amerika auf einen falschen Weg getrieben, der trotz Aufwendung gewaltiger Geldmittel zu einem Fehlschlag führte. Die gemachten Erfahrungen waren aber die Veranlassung, sich mit neuen Mitteln und unter Leitung neuer Männer richtigen Maßnahmen zuzuwenden, indem unter Verzicht auf eigene Konstruktionen englische und französische Flugzeug- und Motorentypen nachgebaut und die reichen zur Verfügung stehenden technischen Kräfte gleichzeitig zur Stärkung der Flugwerkstätten und Flugbetriebe der Verbündeten eingesetzt wurden. Hieraus, sowie aus den Maßnahmen Frankreichs und Englands, das durch die Schaffung einer straffen Organisation, der „Royal Air Force“ die einheitliche Entwicklung seiner Luftstreitkräfte für Heer und Marine zu gewährleisten schien, zog der Kommandierende General den Schluß, daß für das Jahr 1919 die Zahl der feindlichen Luftstreitkräfte an der Westfront nicht allein im Kampfgebiet, sondern auch für demoralisierende Angriffe auf die

Heimat eine erhebliche Steigerung erfahren und überdies die technische Leistungsfähigkeit unserer Gegner nach Zahl wie nach Güte einen beträchtlichen Aufschwung erleben würden.

Die demgegenüber zu ergreifenden Maßnahmen konnten unter Berücksichtigung der Schwierigkeiten, die hinsichtlich des Personalersatzes, der Rohstoffe und der verfügbaren Arbeitskräfte in der Industrie bestanden, eine weitere Vermehrung unserer Fliegerverbände nur in dem Rahmen vorsehen, wie es für die Kampfzwecke unerläßlich war. Im übrigen mußten sie sich darauf beschränken, die Stärkung unseres Flugwesens vor allem in der technischen Entwicklung zu suchen.

Für besonders wichtig erachtete der Kommandierende General die Vermehrung der Schlachtstaffeln und ihre Zusammenfassung in festgefügte Schlachtgeschwader, unter Fortfall der bisherigen Schlachtgruppen. Von der ursprünglich geplanten Neuaufstellung der Schlachtstaffeln Nr. 39 bis 60 wurde später Abstand genommen; es sollten dafür die Schlachtstaffeln von 6 auf 9 Flugzeuge verstärkt und unter Neuaufstellung von nur 2 Staffeln 10 Schlachtgeschwader zu je 4 Staffeln formiert werden.

Zur Ausbildung der Schlachtfliegerverbände im Angriff gegen Erdziele und im geschlossenen Fliegen im Staffel- und im Geschwaderverbande wurde bereits im August 1918 die Schlachtstaffelschule Saultain, südöstlich Valenciennes, eingerichtet.

Eine Vermehrung der Jagdstaffeln wurde nicht vorgeschlagen, da die Gewinnung fronttüchtiger Jagdflieger und geeigneter Staffelführer angesichts der starken Abgänge auf immer größere Schwierigkeiten stieß. Auf die innere Kräftigung der vorhandenen Staffeln und auf ihre sich daraus ergebende gesteigerte Kampfleistung glaubte der Kommandierende General den besonderen Wert legen zu müssen. Dagegen war die Aufstellung der Bombengeschwader Nr. 9 und 10 beabsichtigt, nachdem die demoralisierende Wirkung weit in das Hinterland getragener Angriffe klar erkannt war. Wegen der Vermehrung der Fliegerabteilungen und einer grundlegenden Neugestaltung ihrer Organisation schwebten Erwägungen; bereits im Frühjahr 1918 waren besondere, nur für die **Lichtbilderkundung** gebaute Flugzeuge unter Verwendung neuartigen Bildgerätes zu besonderen Lichtbildabteilungen zusammengefaßt worden, die nunmehr in Armeefliegerabteilungen, gegliedert in Tages- und Nachtstaffel, ausgebaut werden sollten. Die Stabsbildabteilung und die der Armee zugeteilten Reihenbildzüge wurden dem Kommandeur der Armeefliegerabteilung unterstellt.

Das oben skizzierte Programm konnte nur noch in geringem Umfange verwirklicht werden.

Nachsatz: Dieser Bericht von Förster, einem Offizier also der dabei war, zeigt sehr anschaulich, mit welchen Schwierigkeiten die erste deutsche Luftstreitmacht zu kämpfen hatte. Wenn man ihn allerdings genau liest, dann gewinnt man den Eindruck, daß die aufgetretenen Probleme meisterhaft gelöst wurden.

Durch den Versailler Vertrag ist die Weiterentwicklung auf dem Flugzeugsektor in Deutschland für viele Jahre zum Stillstand gekommen. Erst nach der Erlangung der Wehrhoheit, die durch den Bruch dieses Vertrages erreicht wurde, konnte man mit der Schaffung neuer Flugzeugtypen beginnen.

Bestand an Frontformationen (einschl. Bayern)

Formation	August 1914	Februar 1915	Oktober 1915	April 1916	Juni 1917	März 1918	November 1918
Feldfliegerabteilungen, später Fliegerabteilungen	33	61	80	81	48	47	39
Festungsfliegerabteilungen	$7^1/_2$	4	—	—	—	—	—
Etappenflugzeugparke, später Armeeflugparke	8	14	18	17	19	20	19
Stabsoffiziere der Flieger, später Kommandeure der Flieger	—	—	16	17	19	20	20
Brieftaubenabteilungen	—	—	2	—	—	—	—
Artilleriefliegerabteilungen	—	—	8	27	—	—	—
Versuchs- und Übungsflugparke	—	—	1	2	—	—	—
Kampfgeschwader O. H. L.	—	—	—	5	4	—	—
Selbständige Kampfstaffeln	—	—	—	6	—	—	—
R-Flugzeug-Abteilungen	—	—	—	2	2	2	1
Fliegerausbildungskommando Sofia	—	—	—	1	1	1	1
Fliegerhallen- und Zeltabteilung	—	—	—	1	1	1	1
Gruppenführer der Flieger	—	—	—	—	16	16	23
Fliegerabteilungen (A) zu 6 Flugzeugen	—	—	—	—	96	61	56
Jagdstaffeln	—	—	—	—	37	81	81
Jagdstaffelschulen	—	—	—	—	1	2	2
Schutzstaffeln	—	—	—	—	30	—	—
Artilleriefliegerschulen	—	—	—	—	2	2	2
Fliegerabteilungen (A) zu 9 Flugzeugen	—	—	—	—	—	37	37
Armee(Lb.)-Fliegerabteilungen	—	—	—	—	—	—	13
Schlachtstaffeln	—	—	—	—	—	38	38
Jagdgeschwaderstäbe	—	—	—	—	—	1	4
Jagdgruppenführerstäbe	—	—	—	—	—	5	12
Bombengeschwader O. H. L.	—	—	—	—	—	7	8
Reihenbildzüge	—	—	—	—	—	6	6
Stabsbildabteilungen	—	—	—	—	—	19	18
Fliegerübungsabteilung Sedan	—	—	—	—	—	1	1
Schlachtgruppenstäbe	—	—	—	—	—	—	3
Schlachtstaffelschule	—	—	—	—	—	—	1

Schattenrisse

In dem gleichen, oben angeführten Buch, befinden sich, als Anhang, Schattenrisse der damaligen Flugzeugmuster. Obwohl sie nicht maßstabgetreu wiedergegeben sind, möchten wir sie, zur besseren Orientierung hier ebenfalls abdrucken, zumal hier auch die verwendeten Motoren angegeben sind.

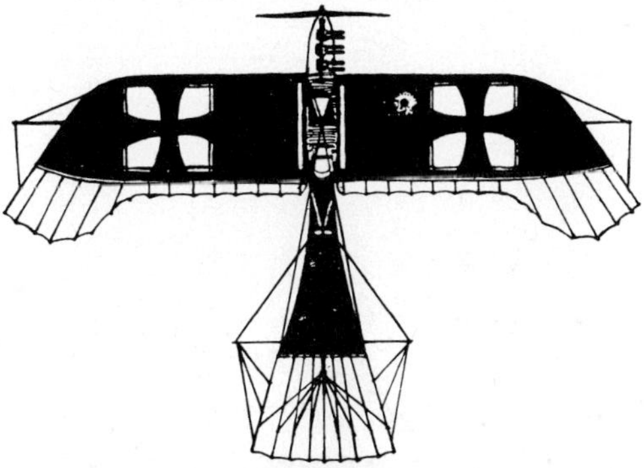

Gotha-Taube
1914
100 PS Mercedes

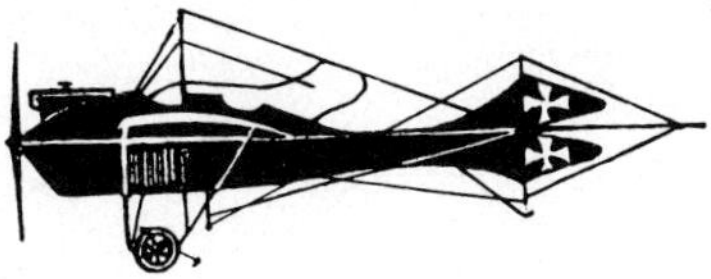

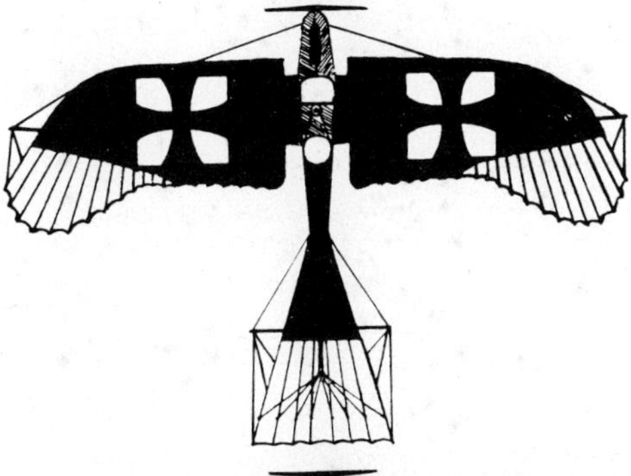

Jeannin-Taube
1914
100 PS Argus

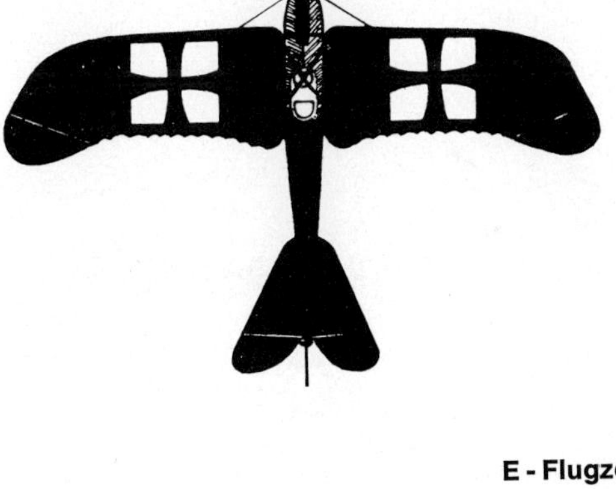

Rumpler Typ 4 C
1914
100 PS Mercedes

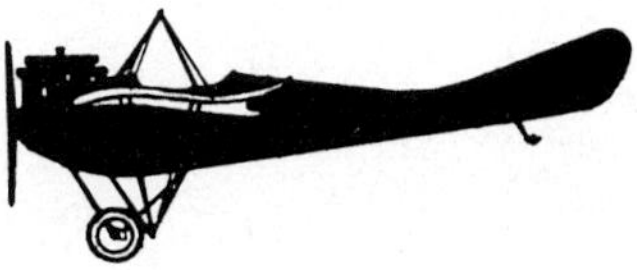

E - Flugzeuge

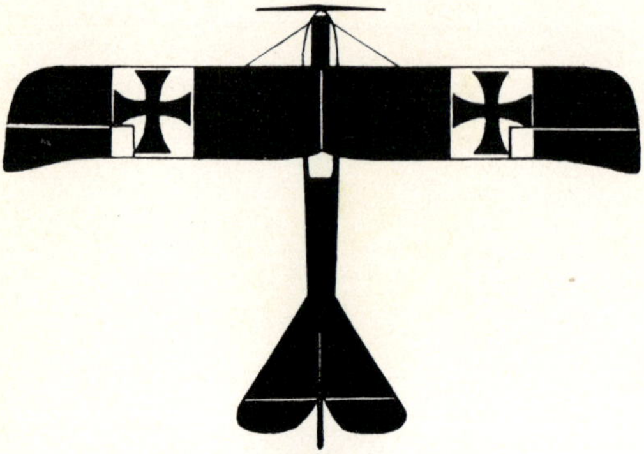

A. E. G.
1914
100 PS N. A. G.

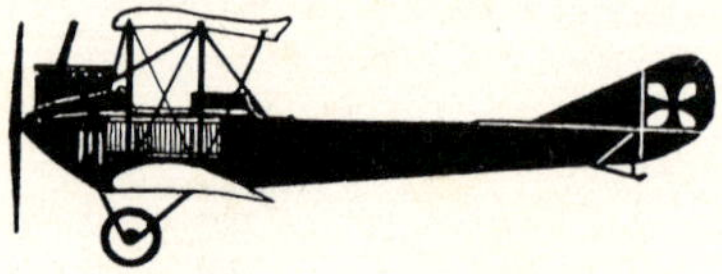

Ago Typ D. V. 3
1914/1915
100 PS Oberursel

Albatros
1914
100 PS Mercedes

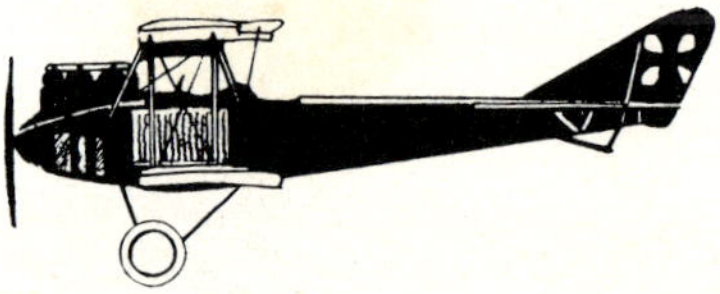

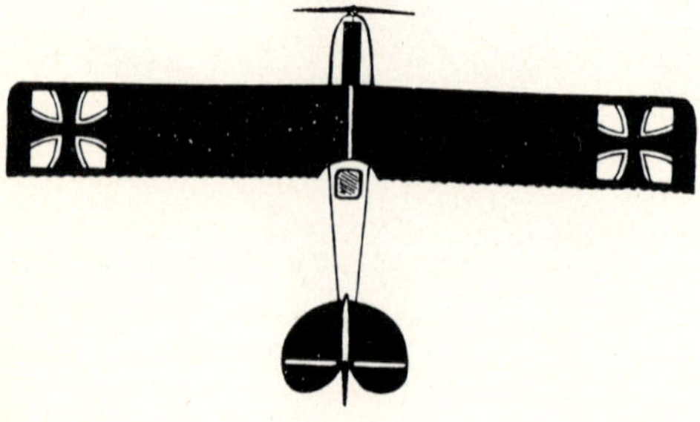

Aviatik
1914
100 PS Mercedes

E - Flugzeuge

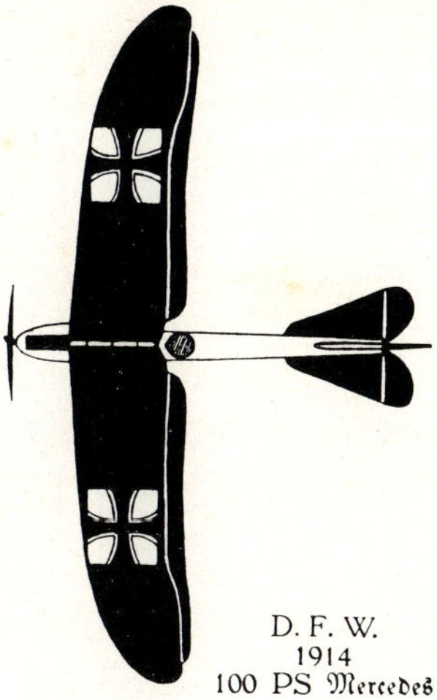

D. F. W.
1914
100 PS Mercedes

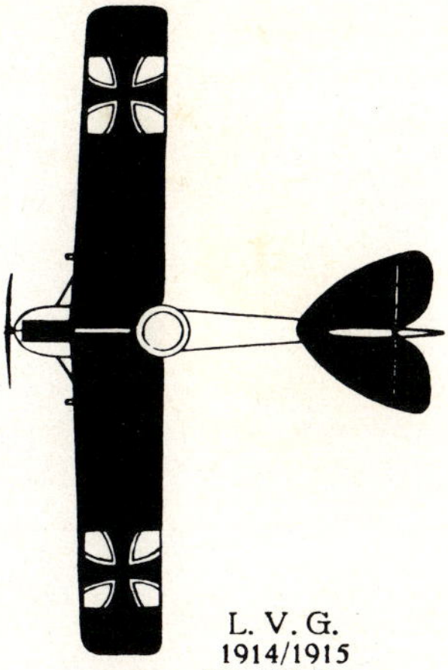

L. V. G.
1914/1915
100 PS Benz

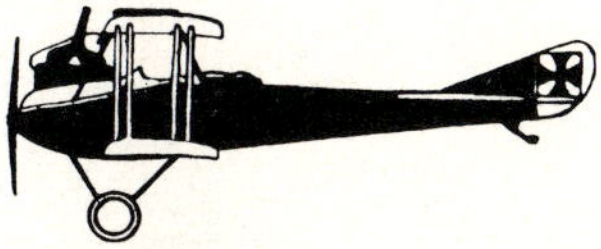

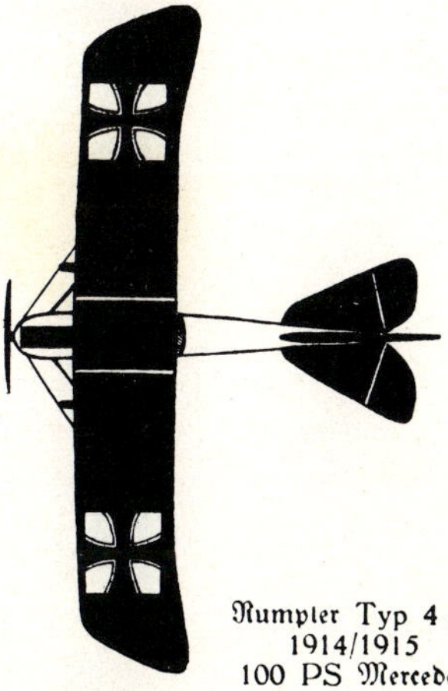

Rumpler Typ 4 A
1914/1915
100 PS Mercedes

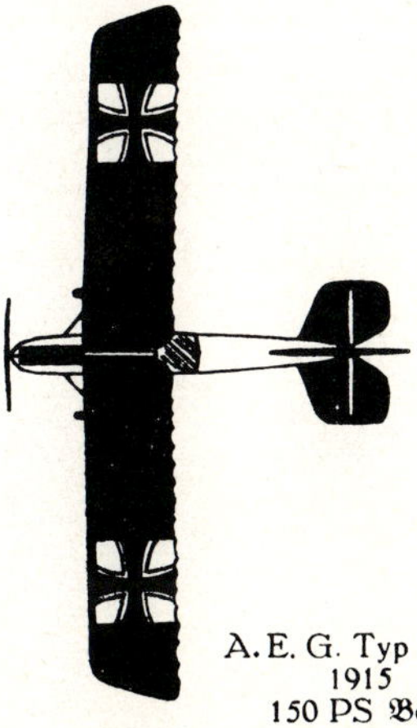

A. E. G. Typ K Z 9
1915
150 PS Benz

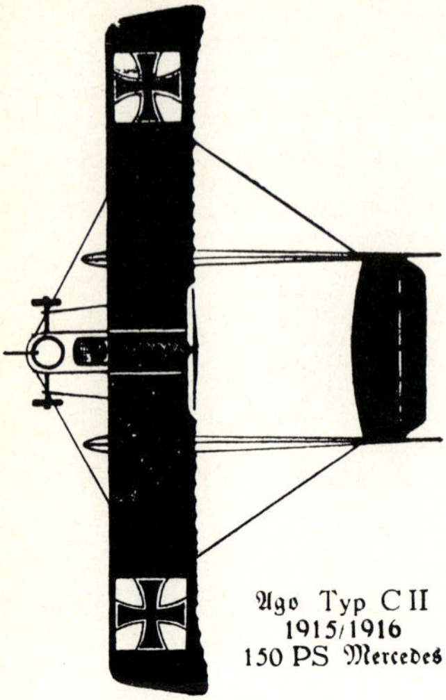

Ago Typ C II
1915/1916
150 PS Mercedes

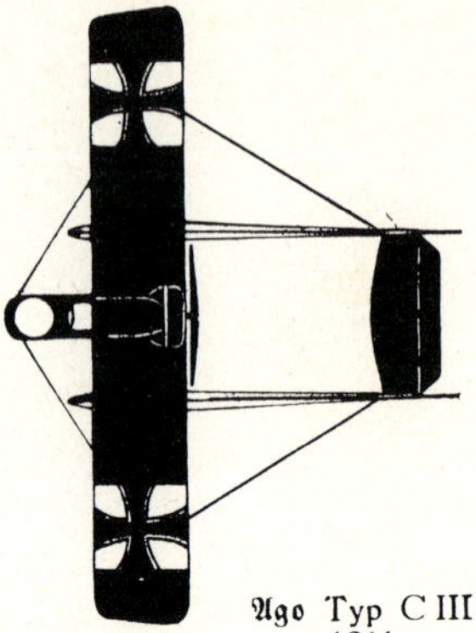

Ago Typ C III
1916
160 PS Oberursel

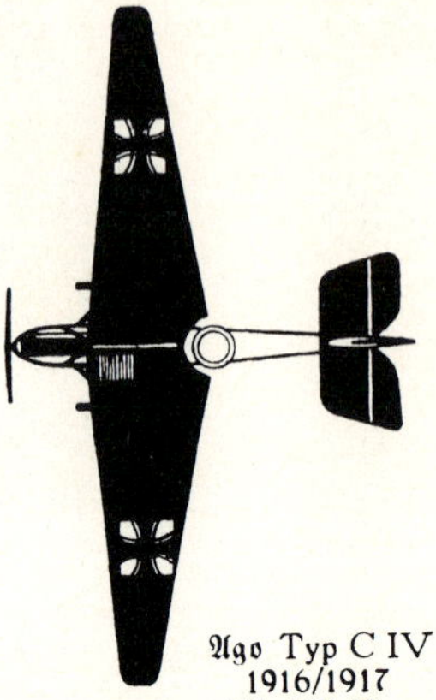

Ago Typ C IV
1916/1917
220 PS Benz

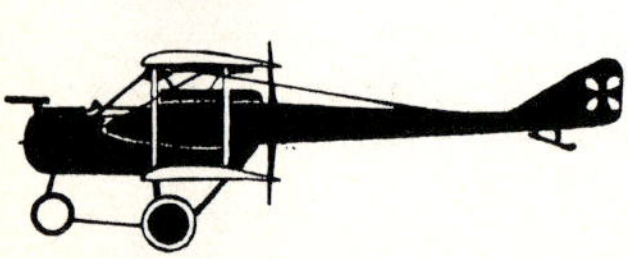

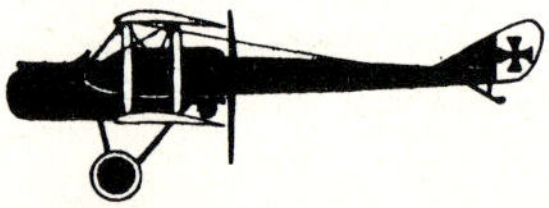

Albatros Typ C III
1916
160 PS Mercedes

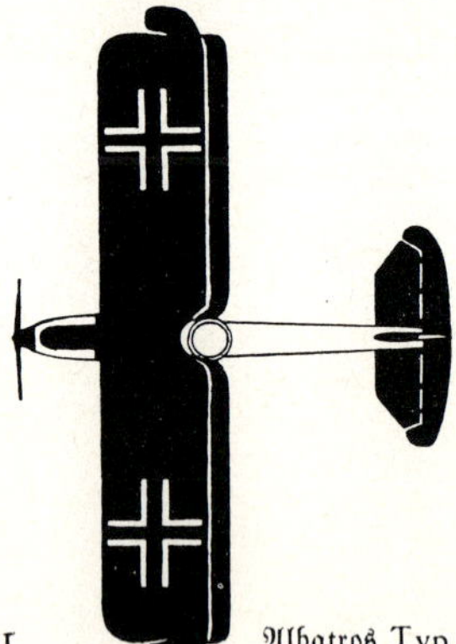

Albatros Typ C XV
1918
220 PS Benz

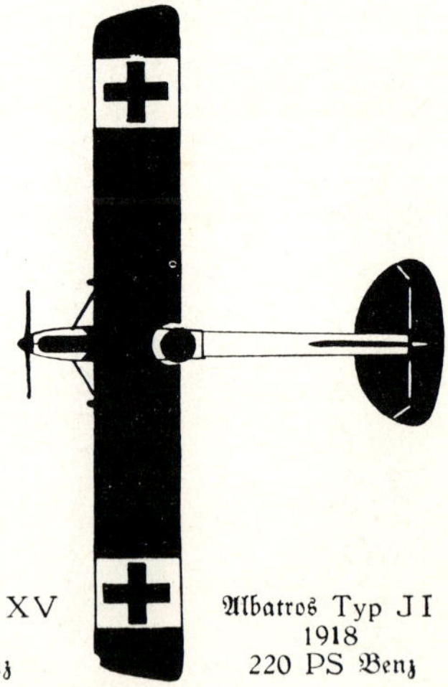

Albatros Typ J I
1918
220 PS Benz

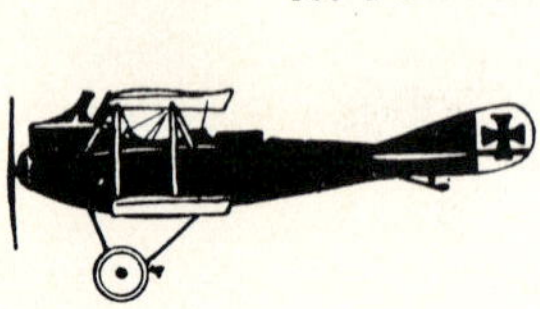

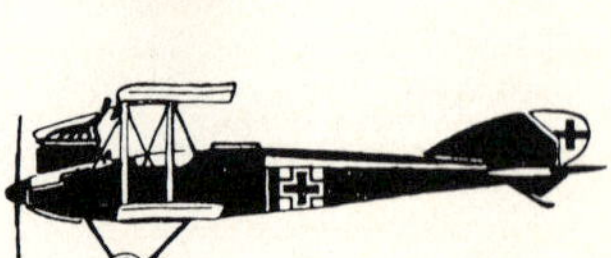

C - Flugzeuge

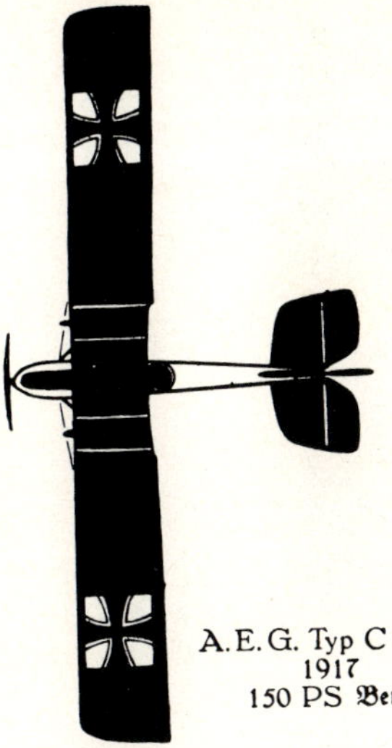

A.E.G. Typ CIVN
1917
150 PS Benz

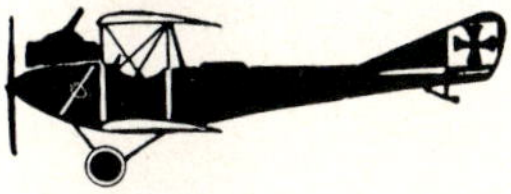

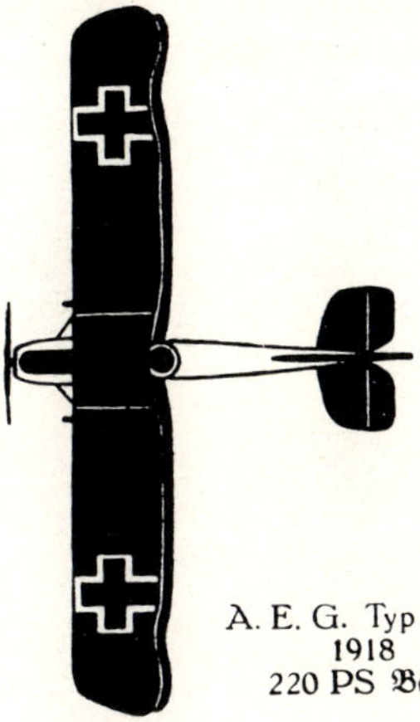

A. E. G. Typ D J I
1918
220 PS Benz

Aviatik Typ C III
1916
160 PS Mercedes

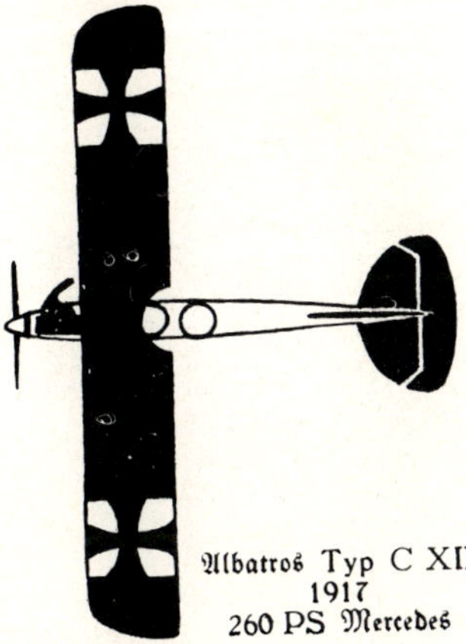

Albatros Typ C XII
1917
260 PS Mercedes

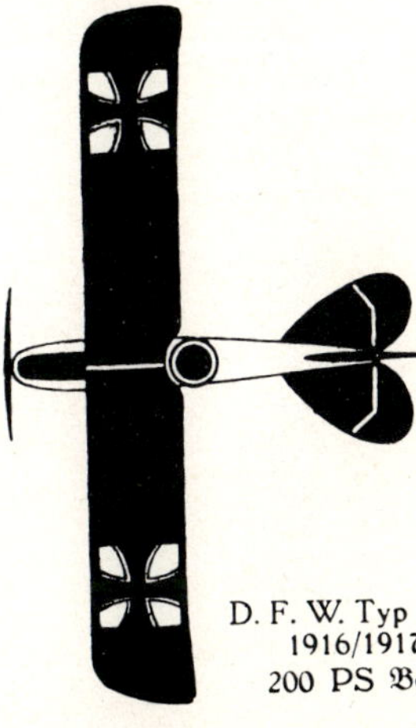

D. F. W. Typ C V
1916/1917
200 PS Benz

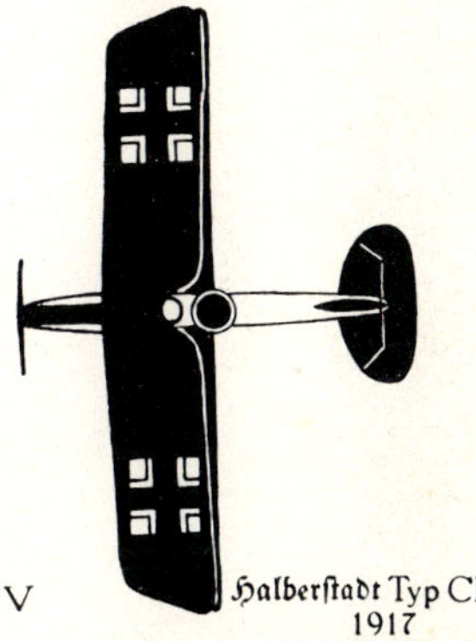

Halberstadt Typ CL IV
1917
160 PS Mercedes

C - Flugzeuge

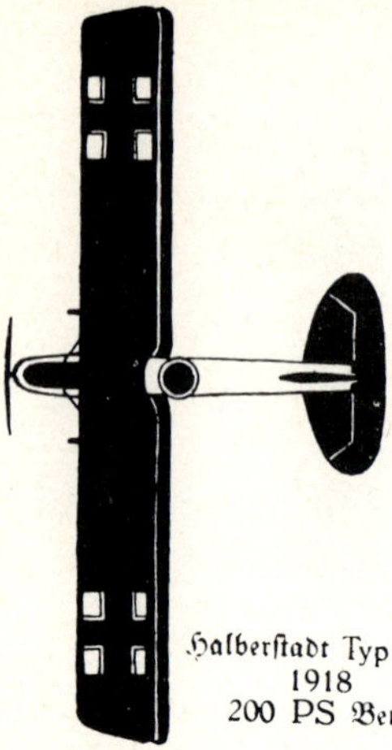

Halberstadt Typ C V
1918
200 PS Benz

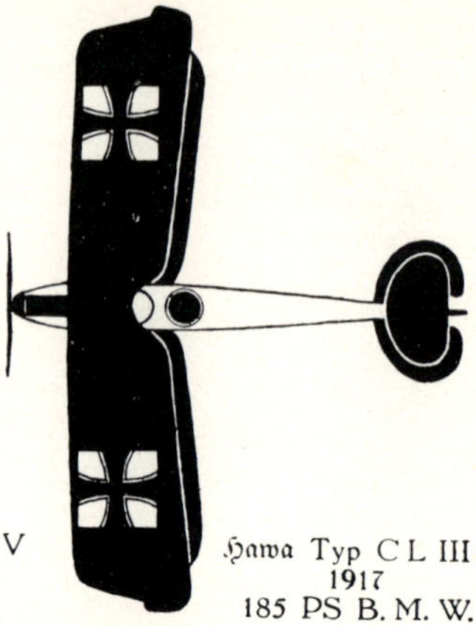

Hawa Typ C L III a
1917
185 PS B. M. W.

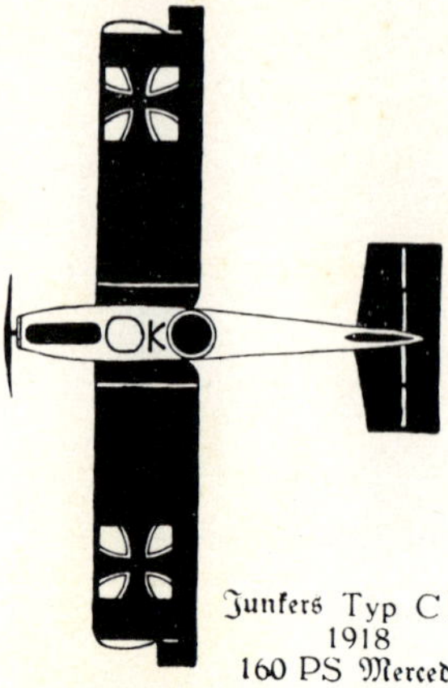

Junkers Typ C L I
1918
160 PS Mercedes

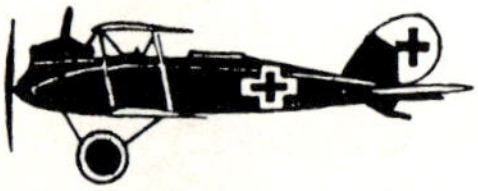

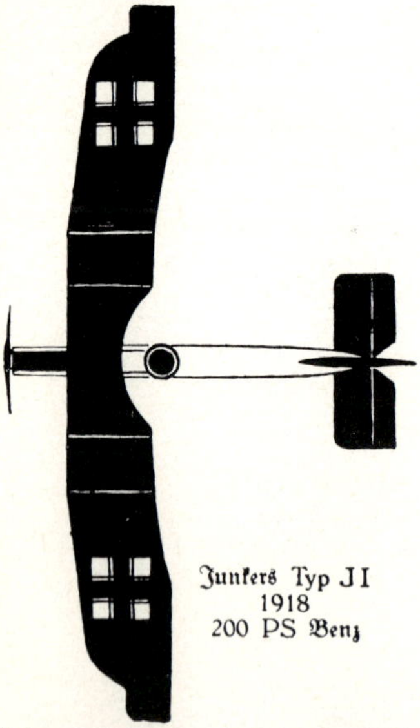

Junkers Typ J I
1918
200 PS Benz

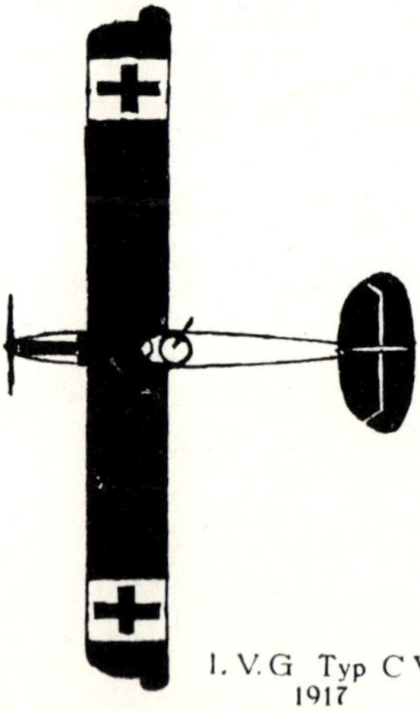

I. V. G Typ C V
1917
200 PS Benz

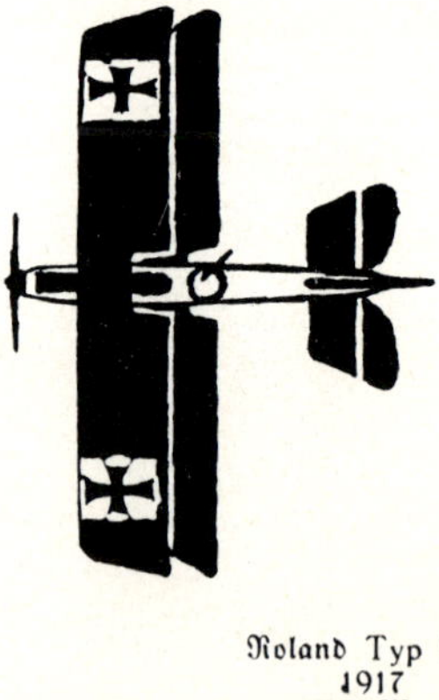

Roland Typ C II
1917
160 PS Mercedes
(Walfisch)

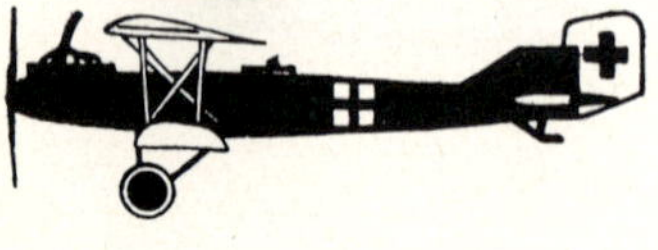

C - Flugzeuge

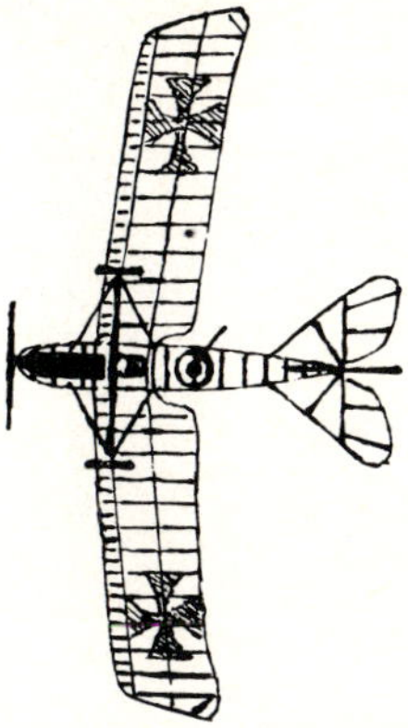

Rumpler Typ Ru. C I
1916
160 PS Mercedes

Rumpler Typ Ru. C I
1916
mit Cellonbespannung
160 PS Mercedes

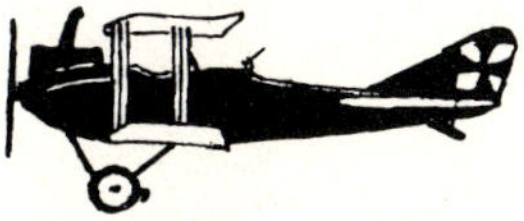

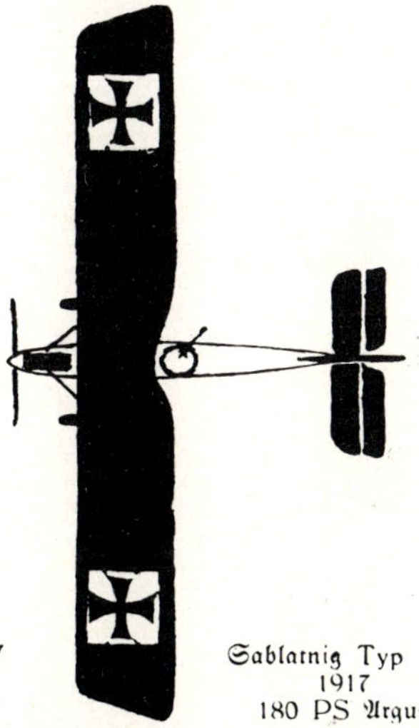

Rumpler Typ Ru. C IV
1917
260 PS Mercedes

Sablatnig Typ I N
1917
180 PS Argus

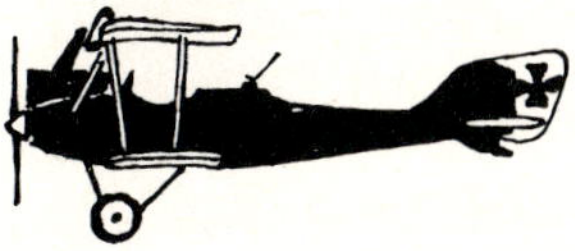

C - Flugzeuge

A. E. G. Typ D I
1917
160 PS Mercedes

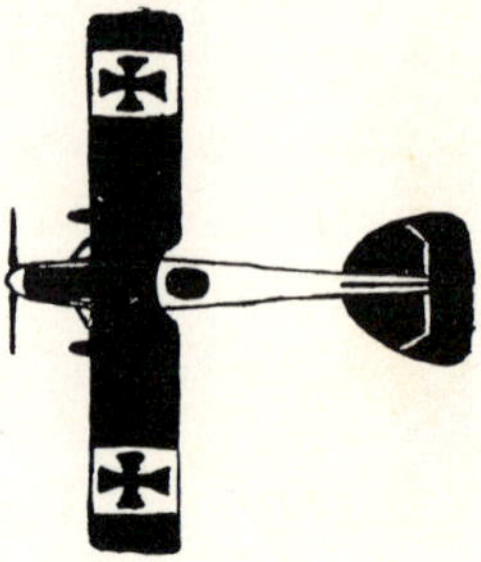

Albatros Typ D I
1916
160 PS Mercedes

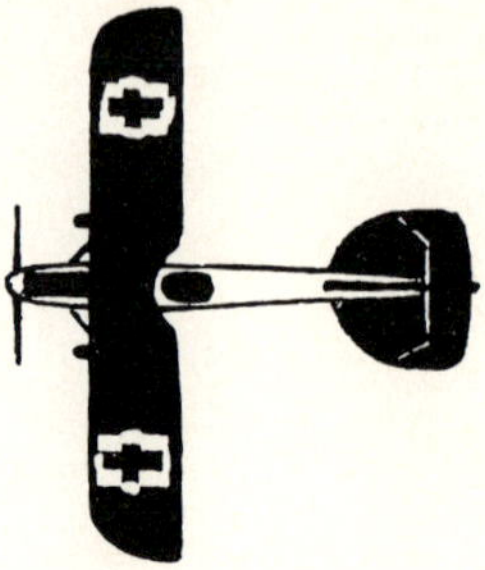

Albatros Typ D V
1917
160 PS Mercedes

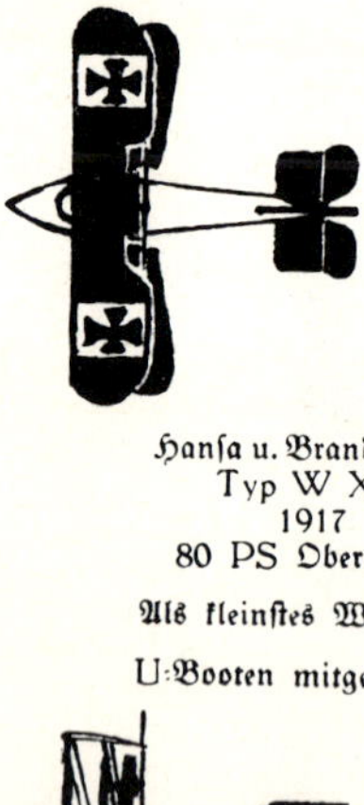

Hansa u. Brandenburg
Typ W XX
1917
80 PS Oberursel
Als kleinstes Wasserflugzeug
U-Booten mitgegeben.

Friedrichshafen Typ D I
1917
160 PS Mercedes

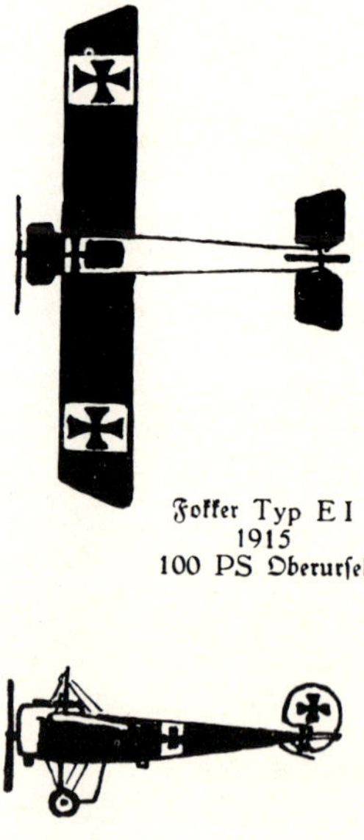

Fokker Typ E I
1915
100 PS Oberursel

D - Flugzeuge

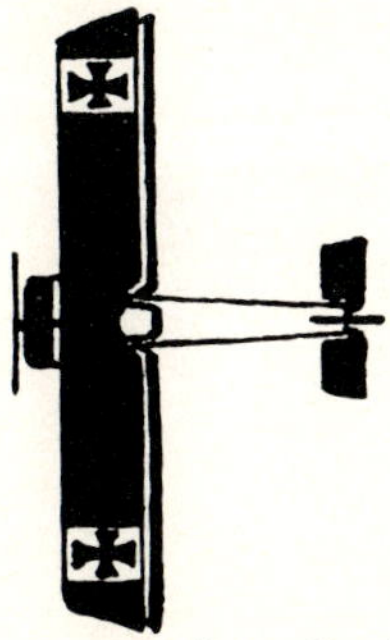

Fokker Typ D III
1916
160 PS Oberursel

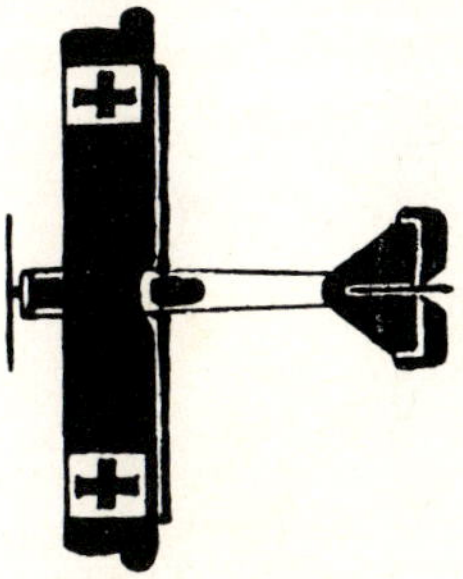

Fokker Typ D VII
1917
185 PS B. M. W.

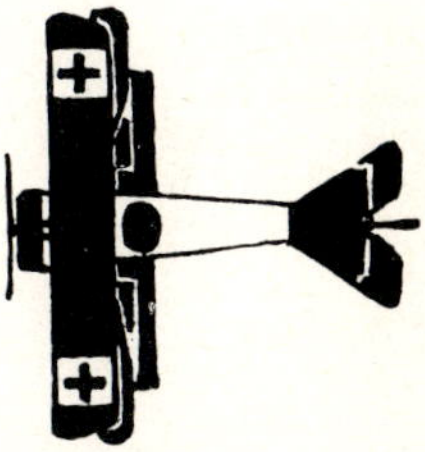

Fokker Typ Dr I
1917/1918
110 PS Oberursel

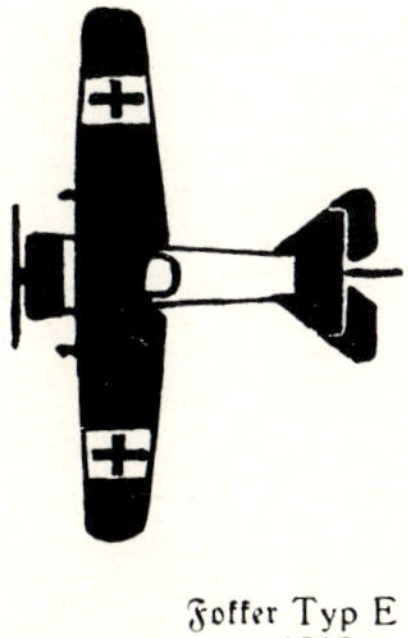

Fokker Typ E V
1918
110 PS Oberursel

Halberstadt Typ D I
1915
100 PS Mercedes

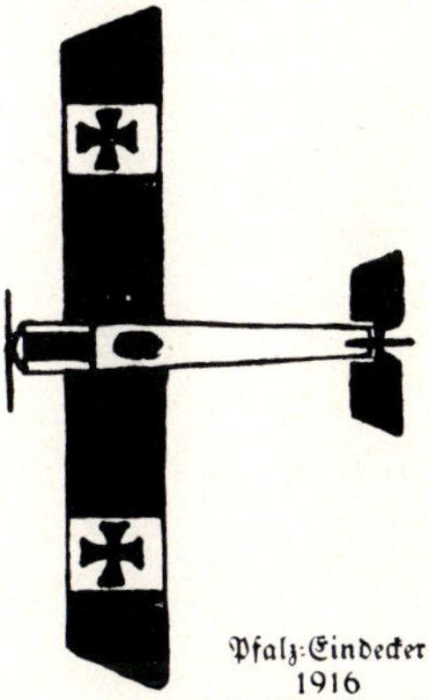

Pfalz-Eindecker
1916
160 PS Mercedes

D - Flugzeuge

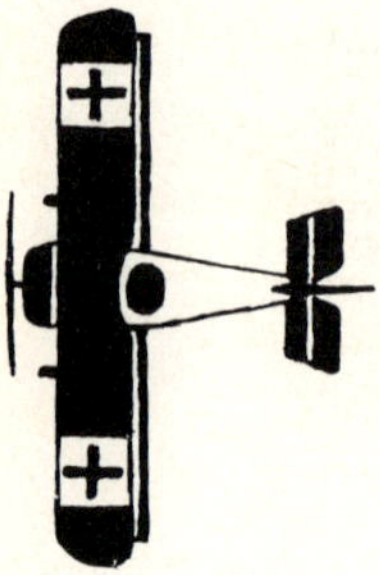

Pfalz Typ Dr I
1917
160 PS Siemens

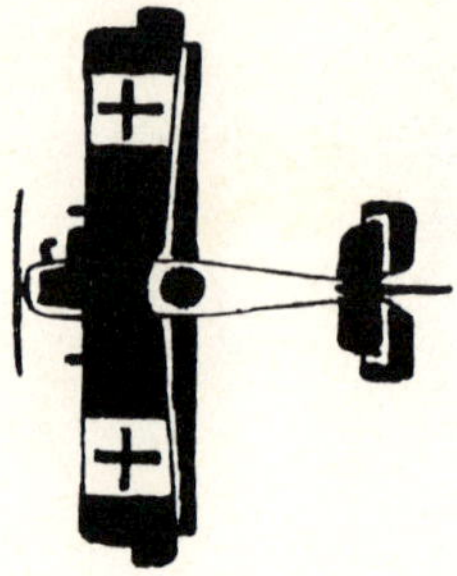

Pfalz Typ D XII
1918
195 PS B. M. W.

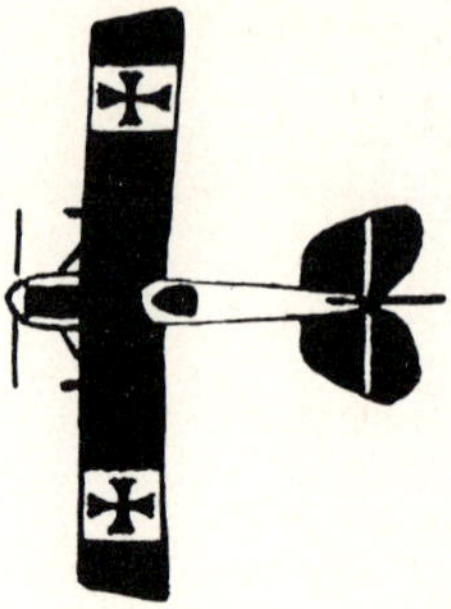

Roland Typ D II
1916
180 PS Opel (Haifisch)

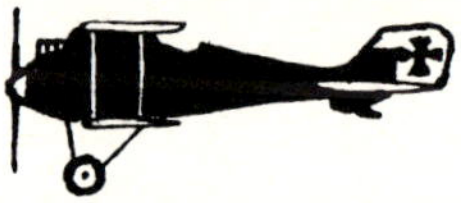

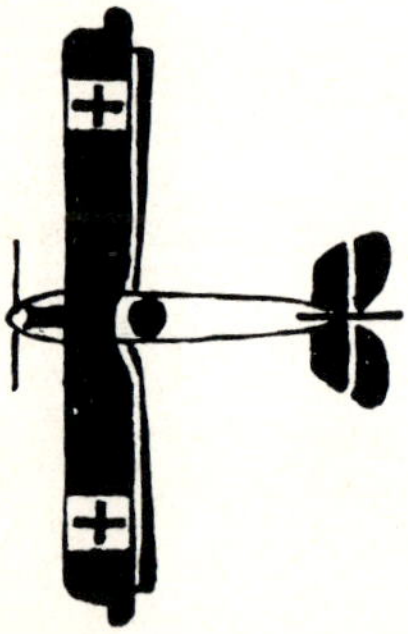

Roland Typ D VI
1917
160 PS Mercedes

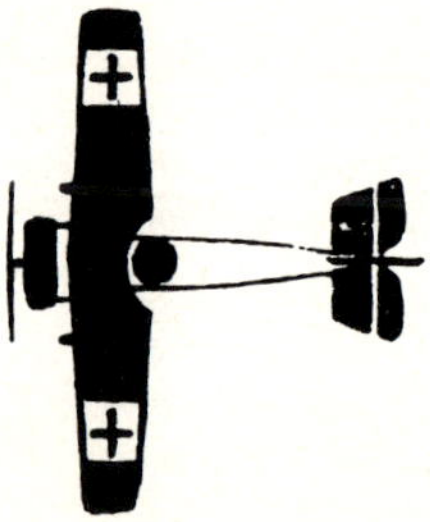

Roland Typ D XVI
1918
180 PS Goebel

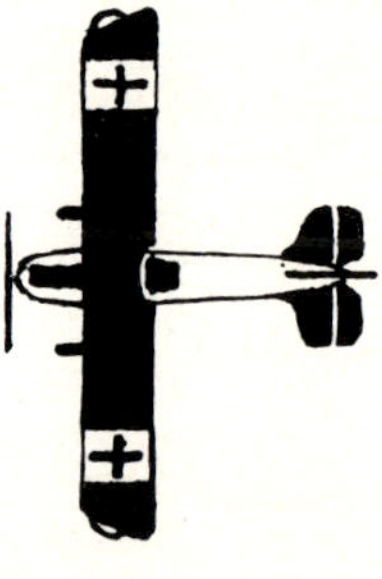

Rumpler Typ D I
1917
185 PS B. M. W.

D - Flugzeuge

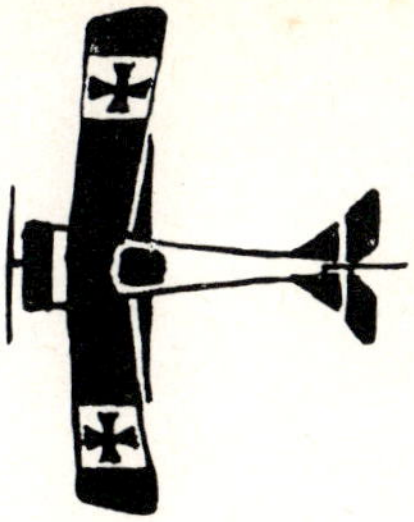

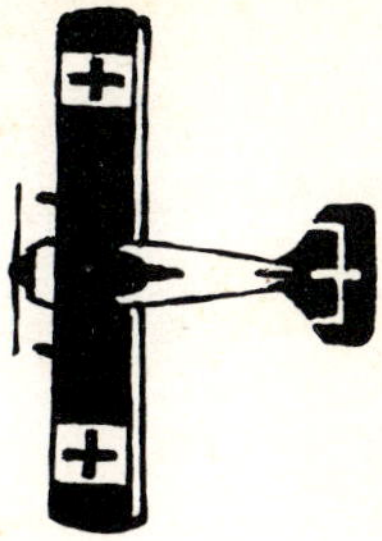

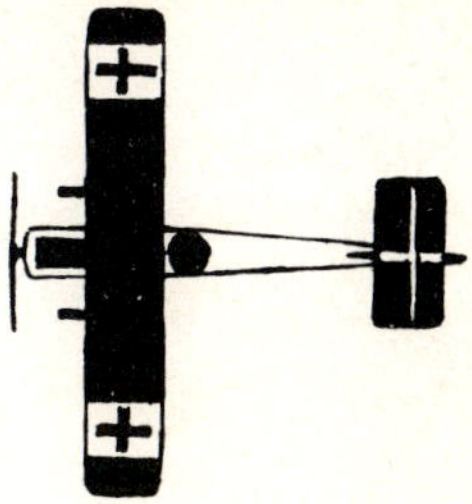

Siemens Typ D I
1916
100 PS Siemens

Siemens Typ D III
1917
160 PS Siemens

Zeppelin Typ D I
1917/1918
185 PS B. M. W

D - Flugzeuge

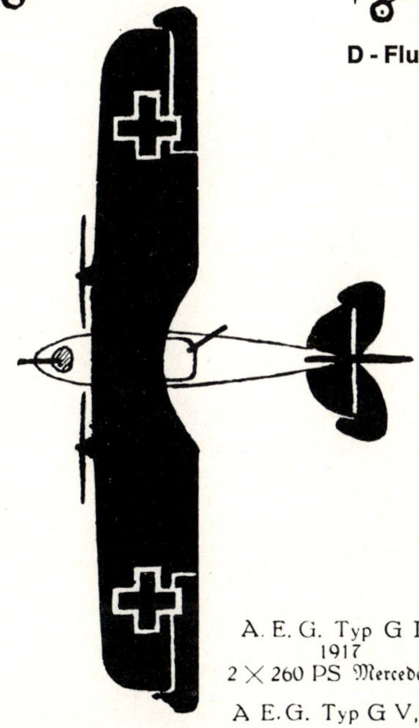

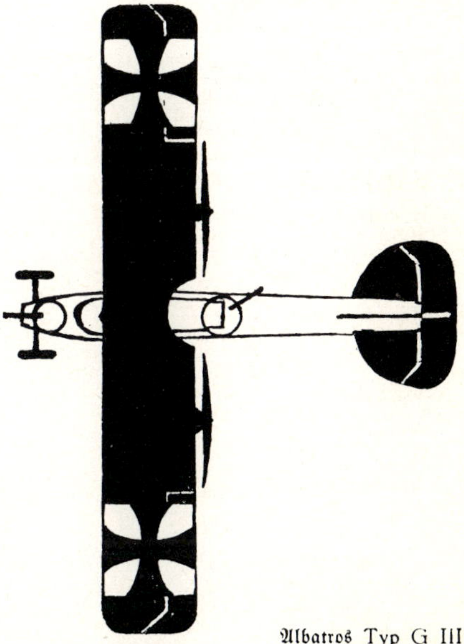

A. E. G. Typ G IV
1917
2 × 260 PS Mercedes

A E. G. Typ G V, Spannweite 27,3 m, Ende 1918, konnte aus Raummangel nicht gebracht werden.

Albatros Typ G III
1917
2 × 200 PS Benz

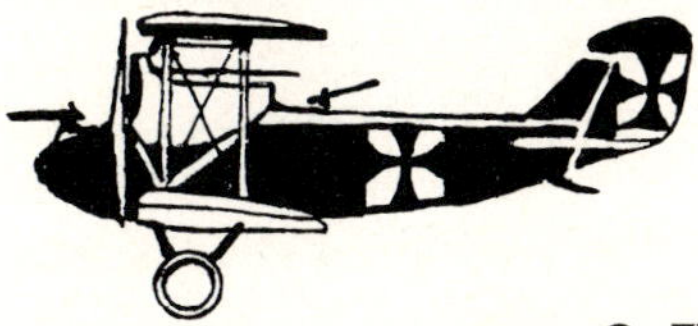

G - Flugzeuge

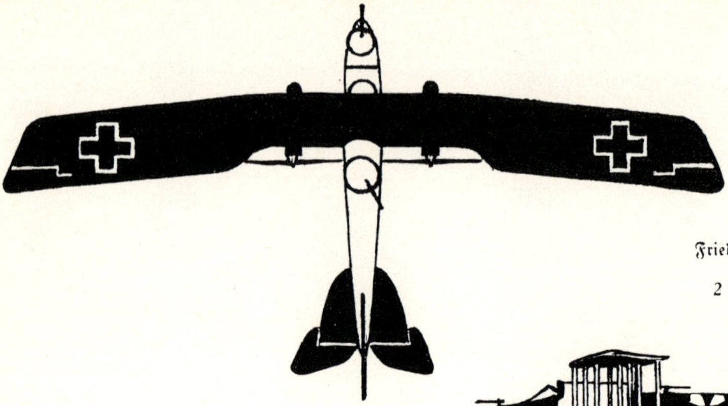

Friedrichshafen Typ G IV
1917
2 × 260 PS Mercedes

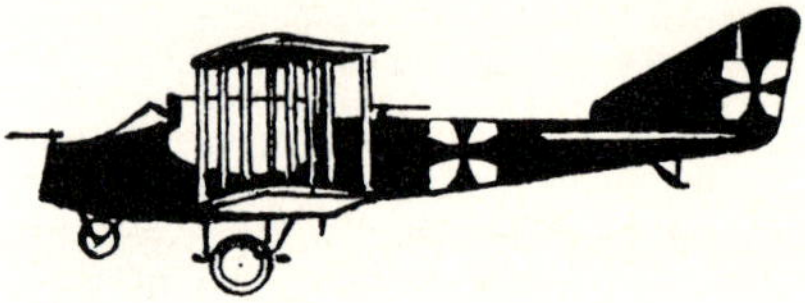

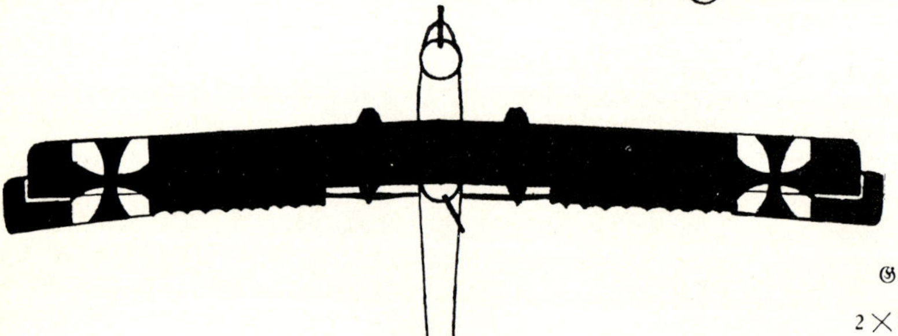

Gotha Typ G V
1917
2 × 260 PS Mercedes

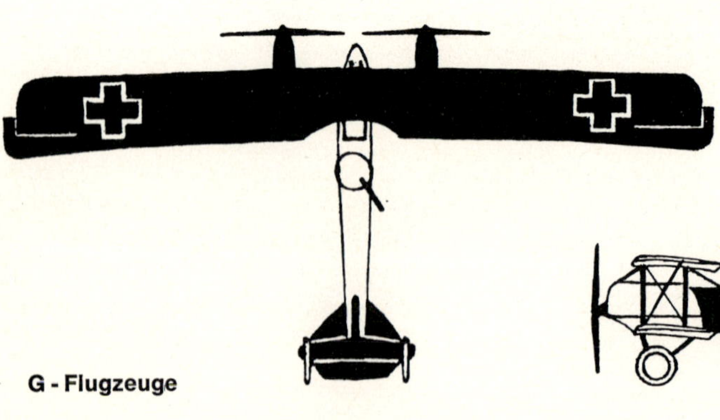

Gotha Typ G VII
1917
2 × 260 PS Maybach

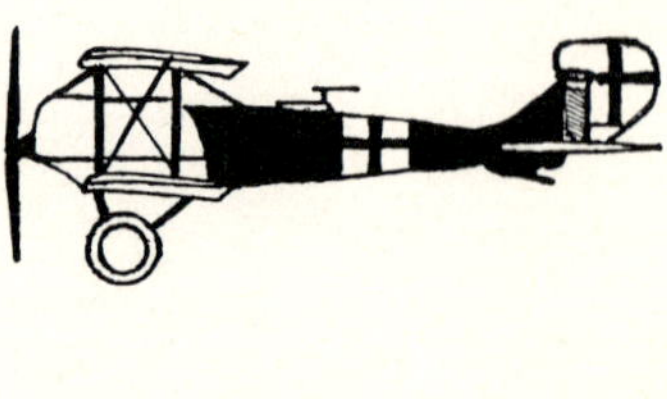

G - Flugzeuge

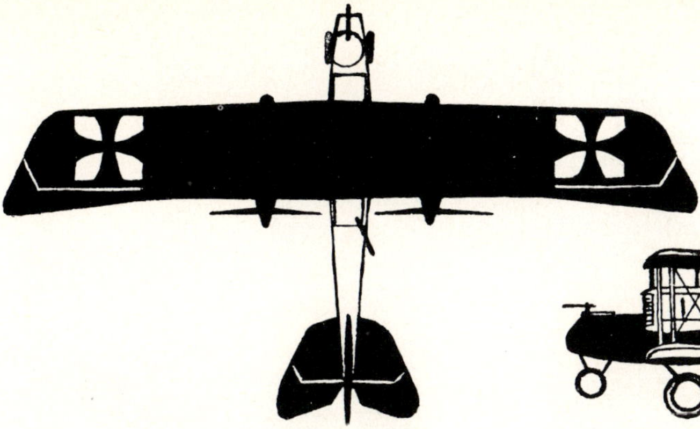

Rumpler Typ G III
1917
2 × 260 PS Mercedes

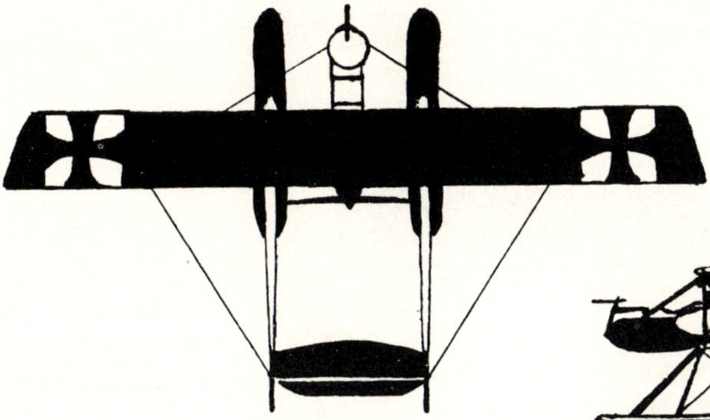

Ago Typ C II
1916
220 PS 8 Cylinder Mercedes

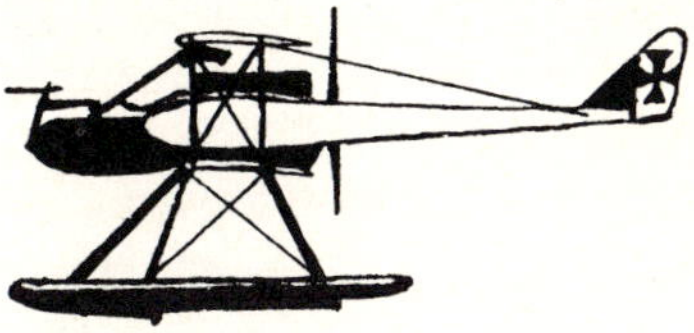

Albatros Typ VT
1917
2 × 150 PS Benz

G - Flugzeuge

Brandenburg Typ G W
1917
2 × 160 PS Benz

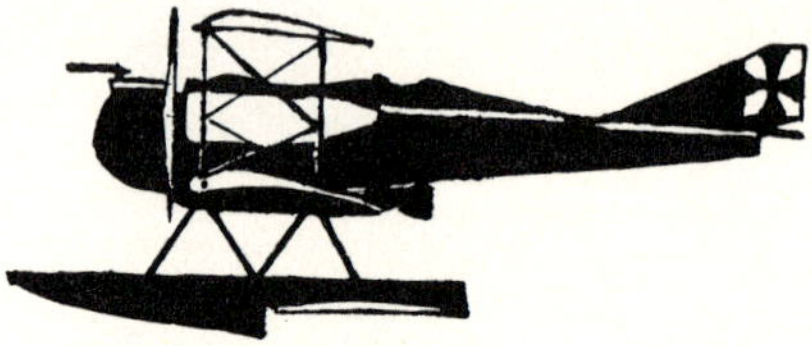

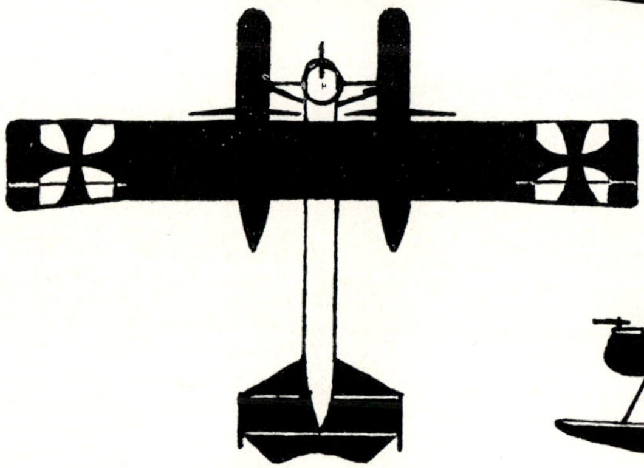

Gotha Typ W D VII
1917
2 × 100 PS Mercedes

G - Flugzeuge

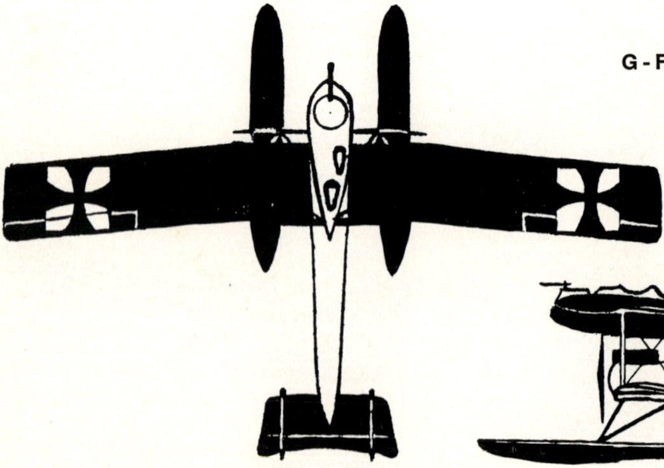

Gotha Typ Ursinus
1916
2 × 150 PS Benz

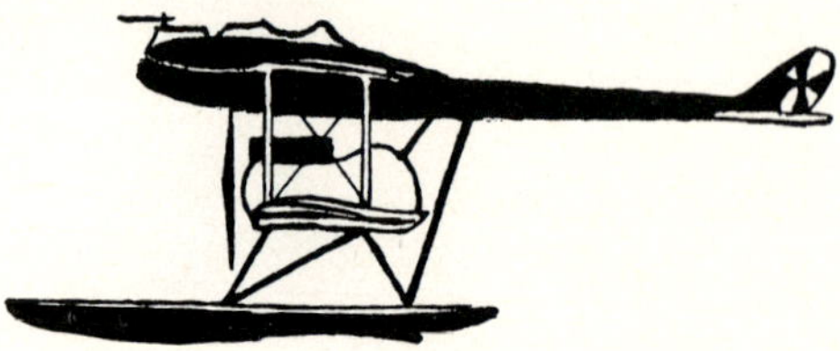

Siemens Schuckert, Typ R VII 1916 3 × 260 PS Mercedes

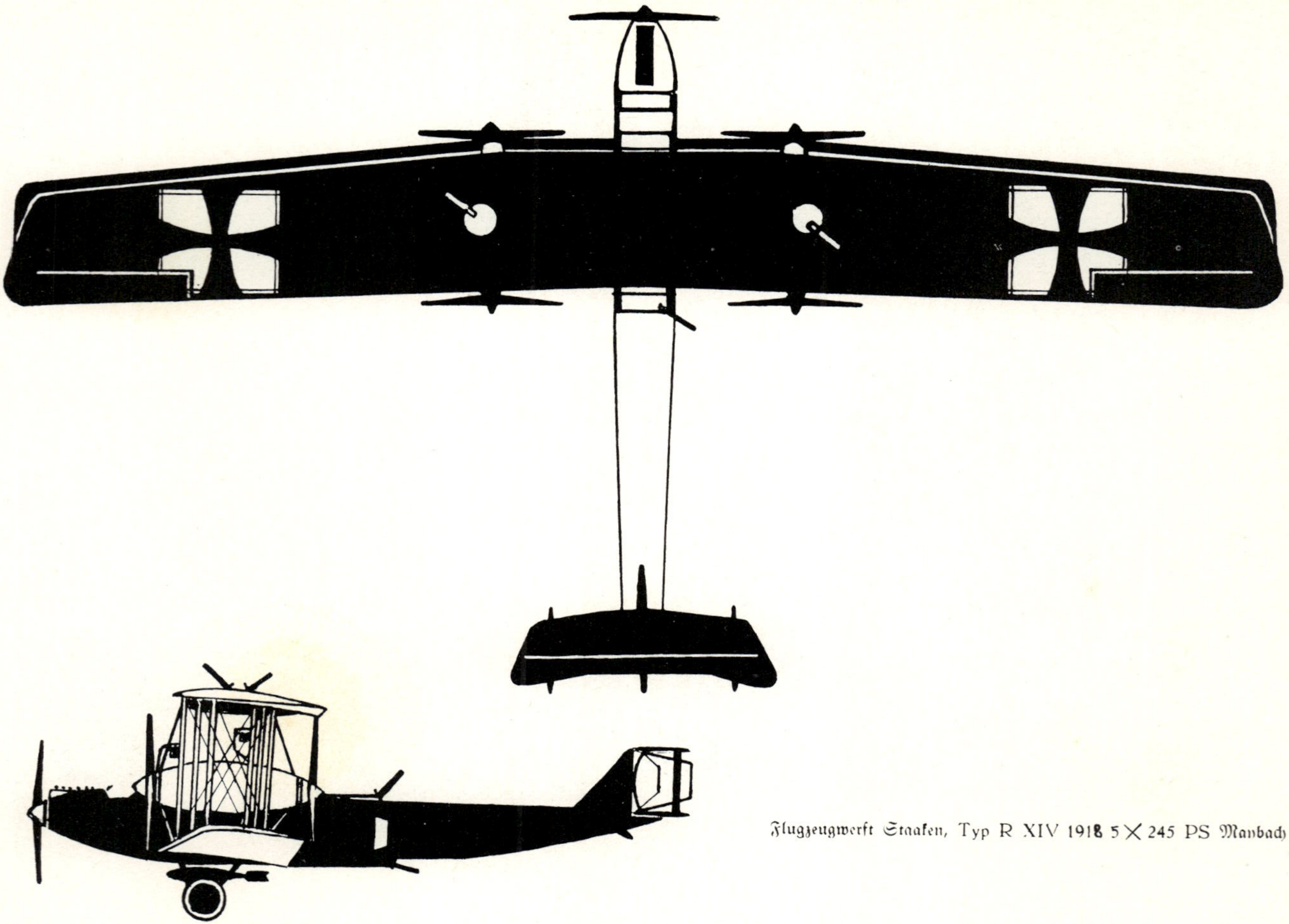

Flugzeugwerft Staaken, Typ R XIV 1918 5 × 245 PS Maybach

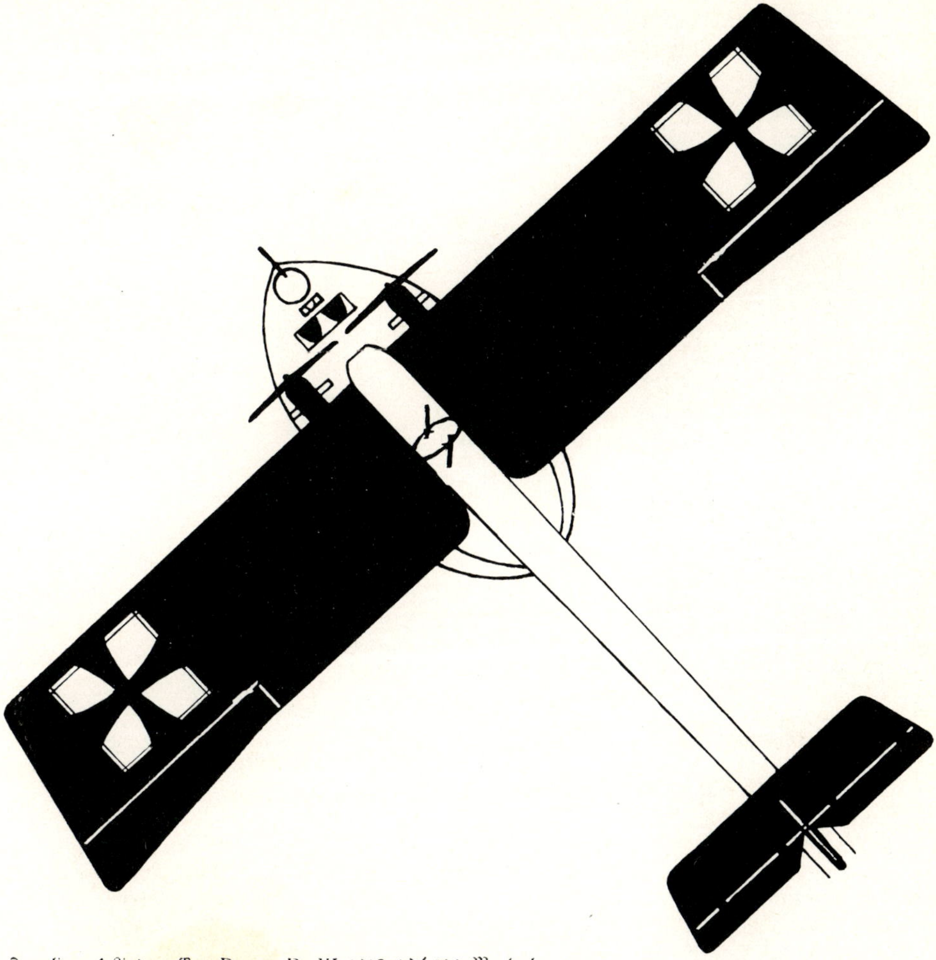

Zeppelinwerk Lindau, Typ Dornier Rs III 1917 4 × 260 Maybach

Zu den Fotos

Im Bilderteil dieser Dokumentation bringen wir die Fotos in alphabetischer Reihenfolge der Hersteller.
Obwohl die Flugzeuge in Klassen eingeteilt wurden, wie aus dem Bericht und den Schattenrissen zu ersehen ist, haben sich die Hersteller durchaus nicht immer an diese Bezeichnung gehalten und oft auch werksinterne Musterbezeichnungen gewählt. Und da obendrein auch die Beschriftung und Kennzeichnung nicht einheitlich vorgenommen wurde, ergab sich ein buntes Bild, wie aus den Fotos zu ersehen ist.

Als Flugzeugbezeichnung haben wir die Formulierung gewählt, die auch von den Herstellerfirmen geführt wurde und wie sie bereits in verschiedenen Veröffentlichungen angewandt wurde.

Bildunterschriften

Um die Unterschriften nicht zu lang werden zu lassen haben wir sie wie folgt aufgebaut:

Zunächst erscheint der Herstellername (oft in Kurzform, die wir weiter unten erklären); dann die Flugzeugbezeichnung; dann der hauptsächliche Verwendungszweck (der häufig auch gewechselt wurde); das Bau- bzw. Einführungsjahr; und schließlich die Maße: S = Spannweite und L = Länge des Flugzeuges.

Bei Mehrfachdeckern, die unterschiedlich lange Tragflächen hatten, wurden in den meisten Fällen (soweit es feststellbar war) die Spannweiten der einzelnen Flächen, durch einen Schrägstrich getrennt, nacheinander aufgeführt, und zwar von oben nach unten.

Die Firmen und ihre Kurzzeichen

Bilder	KZ.
1– 6	**AEG,** Allgemeine Electrizitätsgesellschaft, Abt. Flugzeugbau, Berlin-Hennigsdorf
7– 10	**AGO**, Ago-Flugzeugwerke, Berlin-Johannisthal
11– 36	**Albatros,** – Flugzeugwerke GmbH, Berlin-Johannisthal
37	**Aviatik**, Automobil & Aviatik A.G., Leipzig-Heiterblick
38	**BFW,** Bayerische Flugzeugwerke A.G., München
39– 51	**DFW**, Deutsche Flugzeug-Werke, Leipzig-Lindenthal
52– 73	**Euler,** Euler Flugmaschinen-Werke, Frankfurt/Main
74– 85	**Fokker**, Fokker-Flugzeugwerke, Schwerin-Görris
86– 96	**Friedrichshafen**, FF-Flugzeugbau Friedrichshafen GmbH
97–100	**Germania**, Flugzeugwerke GmbH, Leipzig
101–120	**Gotha**, Gothaer Waggonfabrik A.G., Abt. Flugzeugbau, Gotha
121–127	**VGO**, Versuchsbau, Gotha Ost
128–287	**HB**, Hansa- und Brandenburgische Flugzeugwerke GmbH, Briest bei Brandenburg
288–302	**Hawa**, Hannoversche Waggonfabrik AG, Abt. Flugzeugbau, Hannover-Linden
303–321	**Ju**, Junkers Flugzeug- und Motorenwerke A.G., Dessau
322–324	**KWK,** Kaiserliche Werft, Kiel
325–332	**Kondor**, Flugzeugwerke, Essen
333–348	**Linke-Hofmann**, – Werke, Abt. Flugzeugbau, Breslau
349–355	**LFG**, Luftfahrzeug-Gesellschaft mbH, Berlin-Charlottenburg
356–364	**LVG**, Luft-Verkehrs-Gesellschaft, Berlin-Johannisthal und Köslin
365–370	**LTG,** Lufttorpedo-Gesellschaft, Berlin
371	**Naglo**, Naglo-Werft, Zeuthen

372 **Oertz**, Max Oertz, Jachtwerft, Neuhof-Reiherstieg bei Hamburg

373–374 **Otto**, Otto Flugzeugwerke und Maschinenfabrik GmbH, München

375–394 **Pfalz**, Pfalz Flugzeugwerke GmbH, Speyer

395–405 **Phönix,** Österreichische Lizenzbaufirma für Hansa-Brandenburg-Flgz.

406–413 **Rumpler,** Flugzeugwerke GmbH, Berlin-Johannisthal

414 **Sablatnik,** Sablatnik-Flugzeugbau GmbH, Berlin

415–416 **Schwade,** Otto Schwade & Co, Flugzeug- und Motorenbau, Erfurt

417 **SSW**, Siemens-Schuckert-Werke, Abt. Flugzeugbau, Berlin

418–424 einige erbeutete Flugzeuge, die dann auch auf deutscher Seite flogen

425–456 **Zep.Do.,** Flugzeuge, die bei der Fa. Zeppelinwerk Lindau GmbH bzw. in der Werft Seemos gebaut wurden und heute dem Dornier-Werk zugeschrieben werden.

Bild 1: AEG, C IV, Aufklärer-Zweisitzer, 1917, S = 13,76; L = 7,15

Bild 2: AEG, C V, Aufklärer, 1915, S = 13,20; L = 7,60

Bild 3: AEG, DJ I, Schlachtflugzeug, 1918, S = 10,0; L = 6,69

Bild 4: AEG, K I (GZ I), Bombér, 1915, S = 16,0; L = 8,65

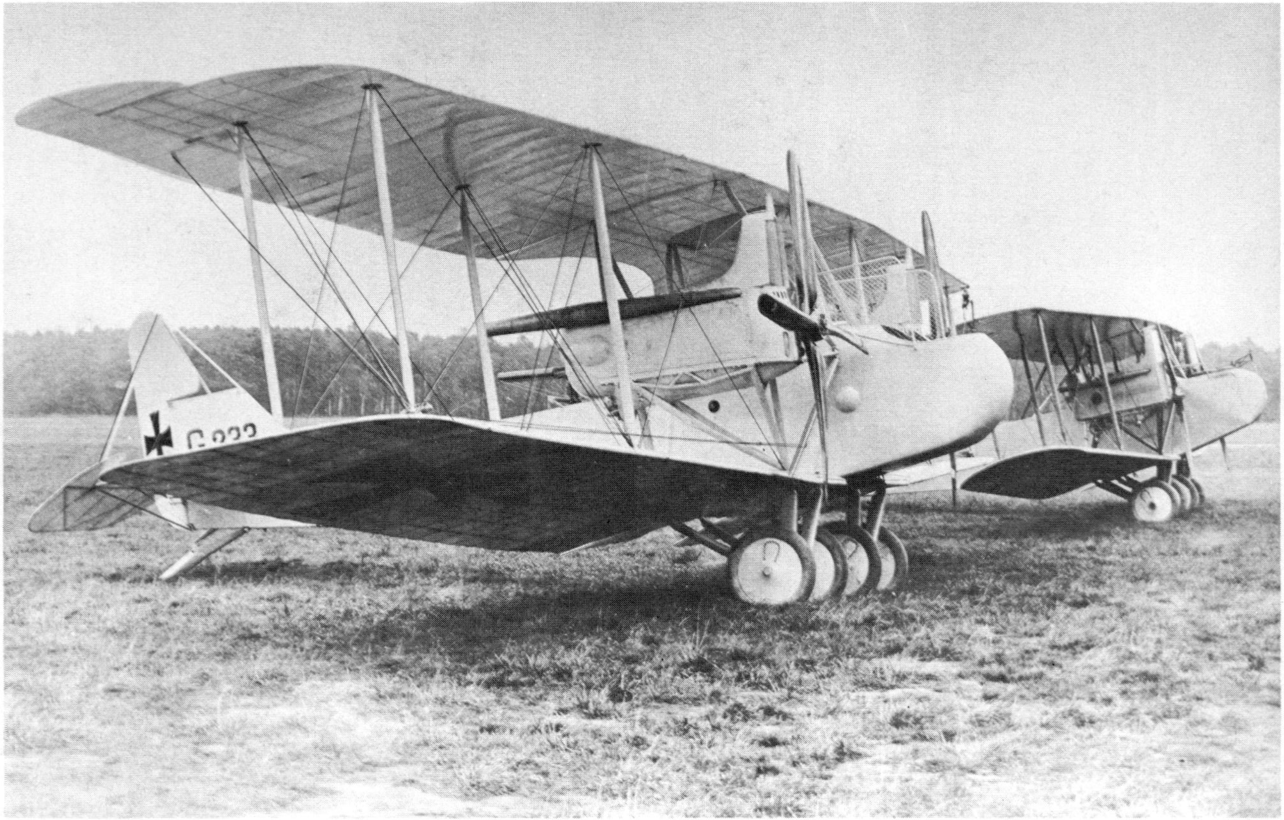

Bild 5: AEG, G III, Bomber, 1915, S = 18,44; L = 9,20

Bild 6: AEG, R I, Bomber, 1918, S = 36,0; L = 19,50

Bild 7: AGO, C I, Aufklärer, 1915, S = 14,50; L = 9,84

Bild 8: AGO, C I, Aufklärer im Flug

Bild 9: AGO, C IV, Aufklärer, 1915, S = 11,90; L = 8,25

Bild 10: AGO, S I, Schlachtflugzeug, 1918

Bild 11: Albatros, MZ I, Aufklärer, 1911, S = 13,30

Tafel 4: Leutnant Karl Bolle, zeitgenössische Postkarte

Bild 12: Albatros, B II (L 2), Aufklärer, 1914, S = 12,80; L = 7,76

Bild 13: Albatros, B II a (L 30) Schulflugzeug, 1917, S = 12,96; L = 7,63

Bild 14: Albatros, B II a (L 30), Nachbau bei Linke-Hofmann

Bild 15: Albatros, C I (L 6), Aufklärer, 1915, S = 12,90; L = 7,85

Bild 16: Albatros, C III (L 10), Kampfflugzeug, 1915, S = 11,69; L = 8,0

Bild 17: Albatros, C V (L 14), Kampfflugzeug, 1916, S = 12,78; L = 8,95

Bild 18: Albatros, C VII (L 18), Aufklärer, 1916, S = 12,78; L = 8,76

Tafel 5: Ru D I schießt Spad S 13 ab, Gemälde von A. B. Henninger

Bild 19: Albatros, C VII, von schräg vorn

Bild 20: Albatros, C XII (L 27), Kampfzweisitzer, 1917, S = 14,37; L = 8,85

Bild 21: Albatros, C XII

Bild 22: Albatros, D I (L 15), Jagdeinsitzer, 1916, S = 8,50; L = 7,40

Bild 23: Albatros, D II (L 17), Jagdeinsitzer, 1916, S = 8,50; L = 7,40

Bild 24: Albatros, D III (L 20), Jagdeinsitzer, 1917, S = 9,0; L = 7,33

Bild 25: Albatros, D III

Bild 26: Albatros, D V (L 24), Jagdeinsitzer, 1917, S = 9,0; L = 7,33

Bild 27: Albatros, D V

Bild 28: Albatros, D V

Bild 29: Albatros, D V a (L 24), Jagdeinsitzer, ohne Windabfluß

Bild 30: Albatros, D XI (L 41), Jagdeinsitzer, 1918, S = 8,0; L = 5,58

Bild 31: Albatros, D XII (L 43), Jagdeinsitzer, 1918, S = 8,20; L = 5,78

Bild 32: Albratros, DR I (L 36), Jagdeinsitzer, Dreidecker, 1917, S = 8,70; L = 7,30

Bild 33: Albatros, DR II (L 39), Jagdeinsitzer, 1918, S = 10,0; L = 6,18

Bild 34: Albatros, J I (L 40), Schlachtflugzeug, 1917, mit 2-cm-Becker-Kanone, S = 14,4; L = 8,83

Bild 35: Albatros, W 5, Torpedoflugzeug, 1916, S = 22,7; L = 13,10

Tafel 6: Leutnant Brauneck, zeitgen. Postkarte

Bild 36: Albatros, W 5, beim Torpedowurf

Bild 37: Aviatik, PG 20, Kavallerie-Doppeldecker, 1914

Bild 38: BFW, CL I, Kampfflugzeug, 1917

Bild 39: DFW, B I (MD 14), Schulzweisitzer, 1914, S = 14,0; L = 8,40

Bild 40: DFW, C I (KD 15), Aufklärer-Zweisitzer, 1915

Bild 41: DFW, C V (T 29), Aufklärer-Zweisitzer, 1916, S = 13,27; L = 7,87

Bild 42: DFW, C V, mit beschädigten linken Tragflächen und Propeller

Bild 43: DFW, V V, Blick in den Führerraum und auf das MG

Bild 44: DFW, R I (T 26), Viermotoriges Großflugzeug, 1916, S = 30,5; L = 17,60

Bild 45: siehe Bild 44

Bild 46: siehe Bild 44

Bild 47: DFW Lübeck, F 1, Seeaufklärer, 1916

Bild 48: DFW Lübeck, F 2, Seeaufklärer, 1916, S = 19,0; L = 11,32

Bild 49: DFW Lübeck, F 2

Tafel 7: Oberleutnant von Fiala, zeitgen. Postkarte

Bild 50: DFW Lübeck, F 4, Seeaufklärer, 1918, S = 16,70; L = 11,30

Bild 51: DFW Lübeck, F 4

Bild 52: Euler, Militärdoppeldecker, 1910, S = 10,0; L = 9,45

Bild 53: Euler, Militärdoppeldecker, 1911, S = 14,0/10,0; L = 11,0

Bild 54: Euler, Militärdoppeldecker, 1911

Bild 55: Euler, Schulflugzeug, Dreidecker, 1911, S = 10,0/8,4/6,4; L = 7,62

Bild 56: Euler, Militär-Dreidecker, 1913 mit Argus 70 PS

Bild 57: Euler, Seeaufklärer-Dreidecker, 1913, S = 14,0/10,0/8,0; L = 8,3

Bild 58: Euler, Jagdeinsitzer, 1914, mit Mercedes 100 PS und 1 starrem MG

Bild 59: Euler, Jagdflugzeug, 1915, mit Mercedes 100 PS und 2 beweglichen MG

Bild 60: Detailaufnahme von Bild 59

Bild 61: Euler, Jagdflugzeug, 1915, zwei bewegliche MG, je 1 nach vorn und hinten

Bild 62: Flugzeug von Bild 61, 1 MG nach vorn und 1 zur Seite gerichtet

Bild 63: Flugzeug von Bild 61, beide MGs nach vorn gerichtet

Bild 64: Euler, Jagdflugzeug, 1916, Vierdecker mit 9-Zyl.-Oberurselmotor

Bild 65: Flugzeug von Bild 64, von der Seite

Bild 66: Flugzeug von Bild 64, von hinten

Bild 67: Euler, Jagdflugzeug, Dreidecker, 1916, mit 9-Zyl. Gnôme-Motor

Bild 68: Euler, Jagdflugzeug, Dreidecker, 1916, S = 9,98; L = 8,0

Bild 69: Flugzeug von Bild 68, Blick auf die beiden nebeneinander angebrachten Sitze

Tafel 8: Offizier-Stellvertreter Heibert, zeitgen. Postkarte

Bild 70: Euler, B I, Schulflugzeug, 1914, S = 14,50

Bild 71: Euler, D I, Jagdflugzeug, 1916, S = 7,40/6,70; L = 5,72

Bild 72: Flugzeug von Bild 71

Bild 73: Euler, Jagdflugzeug, Dreidecker, Versuchsflugzeug, 1916

Bild 74: Fokker, A III M 5 K, Aufklärer, 1915, (K = kurze Fläche)

Bild 75: Fokker, E II, M 14, Jagdflugzeug, 1916, mit 100 PS Oberurselmotor

Bild 76: Flugzeug von Bild 75 (man beachte die Tarnbemalung)

Bild 77: Fokker, E III, Jagdeinsitzer, 1915, S = 9,52; L = 7,20
(Nachbau für Richthofen-Film)

Bild 78: Fokker, D II, Jagdeinsitzer, 1916, S= 8,75; L = 6,40

Bild 79: Fokker, D II

Bild 80: Fokker, D V, Jagdeinsitzer, 1916, S = 8,75; L = 6,05

Bild 81: Fokker, DR I, Jagdeinsitzer, 1917, S = 8,90; L = 6,95

Bild 82: Fokker, DR I, Staffel vor dem Einsatz

Bild 83: Fokker, DR I, Nachbau in den USA

Bild 84: Fokker, D VI, Jagdeinsitzer, 1917, S = 7,65; L = 6,23

Bild 85: Fokker, D VII F, Jagdeinsitzer, 1918, S = 8,90; L = 6,95

Bild 86: Friedrichshafen FF 11, Flugboot, 1913

Bild 87: Friedrichshafen FF 33 J, See-Aufklärer, 1917

Bild 88: Friedrichshafen FF 33 L, See-Kampfeinsitzer, 1916, S = 13,30; L = 8,82

Bild 89: Friedrichshafen FF 35, Torpedoflugzeug, 1916, S = 23,74; L = 13,50

Bild 90: Friedrichshafen FF 38 (G II), Bomber, 1915, S = 20,30; L = 11,05

Bild 91: Friedrichshafen FF 45 (G III), Bomber, 1917, S = 23,70; L = 12,80

Bild 92: Friedrichshafen FF 45 (G III a), Bomber, 1918, S = 22,60

Bild 93: Friedrichshafen FF 53, See-Mehrzweck-Flugzeug, 1918

Bild 94: Friedrichshafen FF 54, Versuchs-Vierdecker, 1918, als Jagdeinsitzer geplant

Bild 95: Friedrichshafen FF 60, See-Fernaufklärer, Dreidecker, 1918, S = 27,0

Bild 96: Friedrichshafen FF 60, deutlich sichtbar drei von vier Motoren

Bild 97: Germania, C I, Aufklärer, 1918, mit Strebenkühler

Bild 98: Germania, C I, Aufklärer, 1918, mit Rumpf-Ohrenkühler

Bild 99: Germania, C II, Aufklärer, 1918

Bild 100: Germania, C IV, Aufklärer, 1918

Tafel 9: Ru C IV und Spad S 13, Gemälde von A. B. Henninger

Bild 101: Gotha, LE 2, Aufklärer und Schulflugzeug, 1914, mit 100 PS Mercedes

Bild 102: Gotha, LE 3, Militärtaube, 1914, S = 14,40; L = 10,0

Bild 103: Gotha, LE 4, Militärflugzeug, 1914

Bild 104: Gotha, WD 2, See-Aufklärer, 1915, S = 16,43; L = 10,5

Bild 105: Gotha, WD 3, Aufklärer und Kampfflugzeug, 1917, S = 15,65

Bild 106: Gotha, WD 4 (UWD), Kampf- und Torpedoflugzeug, 1916, (trojanisches Pferd), S = 20,30; L = 14,20

Bild 107: Gotha, WD 5, Aufklärer und Bomber, 1915, S = 12,50; L = 10,30

Bild 108: Gotha, WD 11, Torpedoflugzeug, 1916, S = 22,51; L = 13,43

Bild 109: Gotha, WD 14, Torpedoflugzeug, 1917, S = 25,50; L = 14,45

Bild 110: Gotha, WD 15, See-Aufklärer, 1917, S = 17,20; L = 11,20

Bild 111: Gotha, G I (GUH), Bomber, 1915, S = 22,0; L = 12,10

Bild 112: Gotha, G I (GUH), Bomber, im Flug

Bild 113: Gotha, G I (GUH II), Bomber, Teilansicht

Bild 114: Gotha, G I (GUH II), Bomber, MG-Stand

Bild 115: Gotha, G I (GUH II), Bomber, MG-Stand und Führerkanzel

Bild 116: Gotha, G II, Bomber, 1916, S = 23,70; L = 11,79

Bild 117: Gotha, G IV, Bomber, 1916 beim KG III, S = 23,70; L = 11,86

Bild 118: Gotha, G IV, Bomber, 1916, mit eigenwilliger Bemalung

Bild 119: Gotha, G V, Bomber, 1916, beim KG III

Bild 120: Gotha, G V b, Bomber, 1916, L = 12,40; mit Bugradpaaren

Bild 121: VGO I, Großflugzeug, 1915, S = 42,20; L = 24,0, mit 4teiligem Seitenleitwerk

Bild 122: VGO I, Großflugzeug, Bomber, mit zweiteiligem Seitenleitwerk

Tafel 10: Oberleutnant Immelmann vor seiner Fokker, zeitgen. Postkarte

Bild 123: VGO II, Großflugzeug, Bomber, S = 42,20; L = 23,78

Bild 124: VGO III, Großflugzeug, Bomber, S = 42,20; L = 24,50

Bild 125: VGO III, Nahaufnahme

Bild 126: VGO III, nach einer Bruchlandung

Bild 127: VGO III, nach dem Absturz

Bild 128: HB, D, Aufklärer, 1914, S = 13,12/12,32; L = 8,45

Bild 129: HB, FD, Aufklärer, 1914, S = 13,12/12,32; L = 8,20

Bild 130: HB, LDD, Aufklärer, 1915, S = 13,12/12,32; L = 8,20

Bild 131: HB, LDD, von vorn, mit Radabdeckung

Bild 132: HB, LDD, von vorn, ohne Radabdeckung, mit geändertem Leitwerk

Bild 133: HB, DD, Aufklärer, 1915, S= 13,12/12,32; L = 8,20

Bild 134: HB, DD, mit Schneekufen

Bild 135: HB, W, See-Aufklärer und Schulflugzeug, 1914, S = 16,50/15,70; L = 9,40

Bild 136: HB, W/S, Aufklärer (Wettbewerbsflugzeug), 1915, S = 16,50/15,70; L = 9,40

Bild 137: HB, AE, Aufklärer, 1915, S = 16,50/15,70; L = 9,50

Bild 138: HB, NW, See-Aufklärer, 1915, S = 16,27/15,27; L = 9,85

Bild 139: HB, NW, von der Seite

Bild 140: HB, ZM I, Kampfflugzeug, 1915, S = 27,50/26,73; L = 15,70

Bild 141: HB, ZM II, Kampfflugzeug, 1915, S = 27,50/26,73; L = 15,70

Bild 142: HB, ZM II, Blick auf den Waffenstand

Bild 143: HB, GF, Kampfflugzeug, 1915, S = 18,0/18,0; L = 9,90

Bild 144: HB, GF, von der Seite mit Waffenständen

Bild 145: HB, GF, Blick auf den hinteren Waffenstand, ohne MG

Bild 146: HB, GF, Serienausführung

Tafel 11: Leutnant Klimke, zeitgen. Postkarte

Bild 147: HB, GFK, Kampfflugzeug mit Kanone, 1915, S = 18,0/18,0; L = 9,90

Bild 148: HB, GFK, deutlich ist die 3,7-cm-Kanone im Bug zu sehen

Bild 149: HB, FB, Kampfflugzeug, 1915, S = 16,0/10,0; L = 10,18

Bild 150: HB, FB, von schräg vorn

Bild 151: HB, FB, von schräg hinten

Bild 152: HB, GW, Torpedoflugzeug, 1916, S = 21,56/21,56; L = 11,74

Bild 153: HB, GW, von schräg hinten

Bild 154: HB, GW, von der Seite

Bild 155: HB, GW, mit Torpedo

Bild 156: HB, GW/3, mit Dreifachleitwerk

Bild 157: HB, GW/3, mit Dreifachleitwerk, von vorn

Bild 158: HB, GW/3, mit Dreifachleitwerk, von schräg vorn

Bild 159: HB, LW, See-Aufklärer, 1915, S = 12,40/12,40; L = 9,50

Bild 160: HB, LW, von vorn

Bild 161: HB, LW, von schräg hinten

Bild 162: HB, MLD, Marine-Land-Kampfflugzeug, 1915, S = 16,50/15,70; L = 10,30

Bild 163: HB, KW, Aufklärer und Schulflugzeug, 1915, S = 16,30/16,30; L = 10,55

Bild 164: HB, KW, von vorn

Bild 165: HB, KW, von schräg vorn

Bild 166: HB, KW, von der Seite

Bild 167: HB, GNW, Aufklärer, 1916, S = 16,20/15,20; L = 9,65

Bild 168: HB, GNW, von schräg vorn

Bild 169: HB, GDW, Torpedoflugzeug, 1916, S = 24,30/24,30; L = 15,80

Bild 170: HB, GDW, von schräg hinten

Bild 171: HB, GDW, von vorn

Bild 172: HB, KF, Kampfflugzeug, 1916, S = 11,60/10,80; L = 8,48

Bild 173: HB, KF, von schräg hinten

Bild 174: HB, KF, von vorn

Bild 175: HB, KD, Jagdflugzeug, 1916, S = 8,50/8,30; L = 6,35

Bild 176: HB, KD, von schräg vorn

Bild 177: HB, KDD, Aufklärer, 1916, S = 11,26/10,32; L = 7,75

Bild 178: HB, KDD, von vorn

Bild 179: HB, K, Aufklärer, 1916, S = 9,40/9,40; L = 7,40

Bild 180: HB, KDW, Jagdflugzeug, 1916, S = 9,30/9,30; L = 7,86

Bild 181: HB, KDW/2, Jagdflugzeug, 1916, S = 9,30/9,30; L = 7,86

Bild 182: HB, KDW/2, von vorn

Bild 183: HB, KDW/3, Jagdflugzeug, MG nach hinten verlegt

Bild 184: HB, KDW/3, von der Seite

Bild 185: HB, KDW/4, Jagdflugzeug, 1917, S = 9,30/9,30; L = 7,86

Bild 186: HB, KDW/V, Jagdflugzeug, 1916, Versuchsmuster ohne Bewaffnung

Bild 187: HB, KWD, Jagdflugzeug und Aufklärer, 1916, S = 9,35/9,35; L = 7,86

Bild 188: HB, CC, Jagdflugzeug, 1916, ohne MG, S = 9,30/8,74; L = 9,15

Bild 188a: HB, CC, ohne MG, von vorn

Bild 189: HB, CC/1, Jagdflugzeug, 1917, mit MG, S = 9,30/8,74; L = 9,15

Bild 190: HB, CC/2, Jagdflugzeug, 1916, mit 2 MG, S = 9,30/8,74; L = 9,15

Bild 190a: HB, CC/2, von vorn

Bild 191: HB, CC/2, von schräg vorn

Bild 192: HB, CC/2, von schräg hinten

Bild 193: HB, CC/3, Jagdflugzeug, 1917, S = 9,30/8,74; L = 9,15

Bild 194: HB, W 11, Jagdflugzeug, 1916, S = 10,10/10,10; L = 8,10

Bild 195: HB, W 11, von schräg hinten

Bild 196: HB, W 11, von der Seite

Bild 197: HB, W 11, Versuchsmuster mit großem Stirnkühler

Bild 198: HB, W 12, See-Kampfflugzeug, 1916, S = 11,20/10,48; L = 9,60

Bild 199: HB, W 12, von vorn

Bild 200: HB, W 12, von schräg hinten

Bild 201: HB, W 12, von schräg vorn

Bild 202: HB, W 12/1, Jagdflugzeug, 1916, S = 11,20/10,48; L = 9,60

Bild 203: HB, W 12/1 von der Seite

Bild 204: HB, W 12/2, Jagdflugzeug, 1917, S = 11,20/10,48; L = 9,60

Tafel 12: Leutnant Laumann, zeitgen. Postkarte

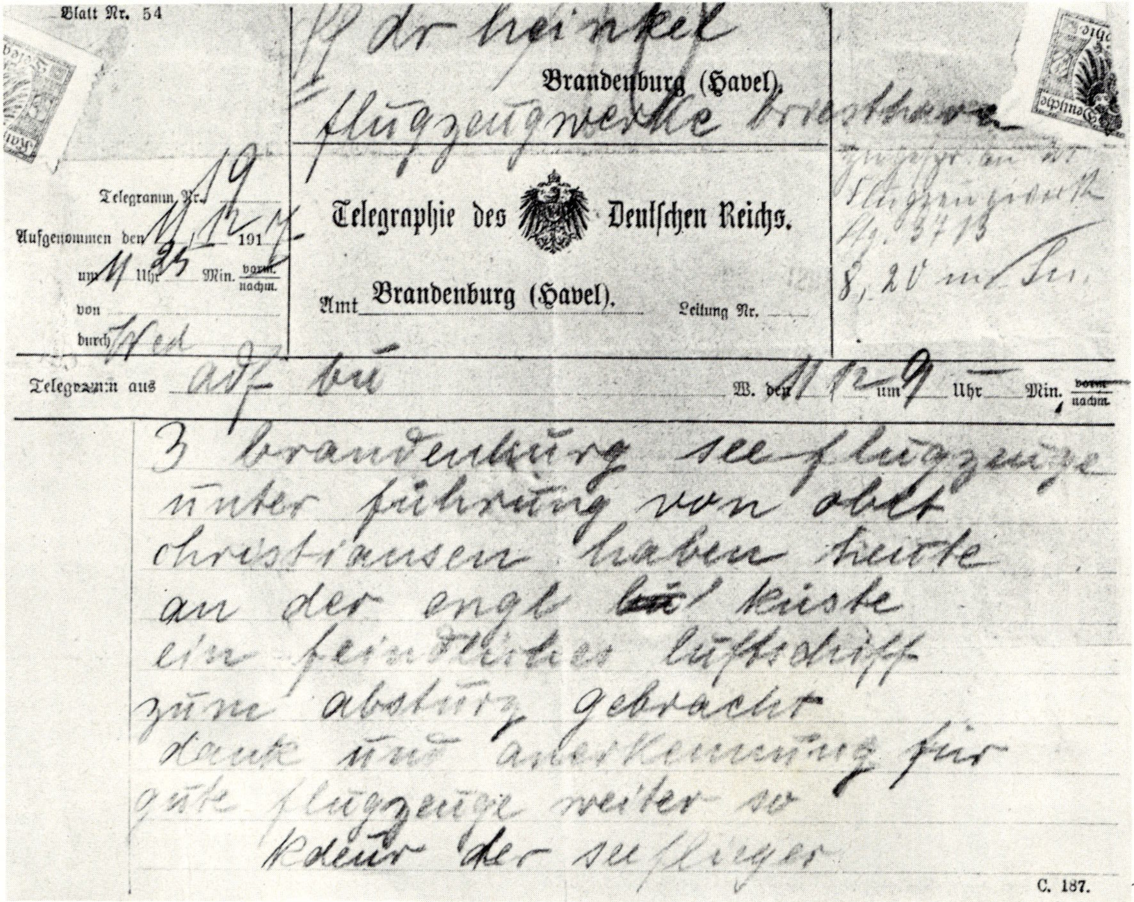

Blatt Nr. 54

Telegraphie des Deutschen Reichs.

Brandenburg (Havel).

dr heinkel
flugzeugwerke brandenburg

Telegramm Nr. 19

Aufgenommen den 11 12 1917

um 11 Uhr 35 Min. vorm. / nachm.

von

durch

Amt Brandenburg (Havel). Leitung Nr.

Telegramm aus

W. den 11 12 um 9 Uhr Min. vorm. / nachm.

3 brandenburg seeflugzeuge
unter führung von oblt
christiansen haben heute
an der engl küste
ein feindliches luftschiff
zum absturz gebracht
dank und anerkennung für
gute flugzeuge weiter so
kdeur der seeflieger

C. 187.

Bild 205: HB, W 12, Gratulations-Telegramm an Heinkel

Bild 206: HB, W 12/3, Jagdflugzeug, 1917, S = 11,20/12,48; L = 9,60

Bild 207: HB, W 12/3, beim Start

Bild 208: HB, W 12/4, Jagdflugzeug, 1917, S = 11,20/12,48; L = 9,60

Bild 209: HB, W 12/5, Jagdflugzeug, 1917, S = 11,20/12,48; L = 9,60

Bild 210: HB, W 12/V, Jagdflugzeug, Versuchsmuster, 1916, S = 11,20/12,48; L = 9,60

Bild 211: HB, W 12/V, von vorn

Bild 212: HB, W 12/V, von schräg vorn

Bild 213: HB, W 12/V, von hinten

Bild 214: HB, W 12/V, von schräg hinten

Bild 215: HB, W 13, Kampfflugboot, 1916, S = 20,40/13,80; L = 13,20

Bild 216: HB, W 13, im Hafen von Pola/Italien

Bild 217: HB, L 14, Jagdflugzeug, 1917, S = 10,20/8,35; L = 10,55

Bild 218: HB, L 14, von der Seite

Bild 219: HB, L 14/S, Jagdflugzeug, 1917, S = 10,20/8,35; L = 10,55

Bild 220: HB, L 15, Aufklärer, 1917, S = 13,80/13,80; L = 8,74

Bild 221: HB, L 15, von der Seite

Bild 222: HB, L 16, Jagdflugzeug, 1917, S = 9,0/9,0/9,0; L = 7,21

Bild 223: HB, L 16, von rechts

Bild 224: HB, L 16, von links

Bild 225: HB, L 16, von vorn

Bild 226: HB, W 16, Jagdflugzeug, 1916, S = 9,11/7,77; L = 7,35

Bild 227: HB, W 16, von schräg vorn

Bild 228: HB, W 16, von vorn

Bild 229: HB, W 16 b, Jagdflugzeug, 1916, MGs oberhalb des Triebwerkes

Bild 230: HB, W 16 b, Schräganschicht

Bild 231: HB, W 17, Jagdflugzeug, Versuchsmuster, 1917

Bild 232: HB, W 17, von vorn

Bild 233: HB, W 18, Jagdeinsitzer, 1917, S = 10,70/10,30; L = 8,15

Bild 234: HB, W 18, von schräg hinten

Tafel 13: Albatros D V greift Bristol Fighter an, Gemälde von A. B. Henninger

Bild 235: HB, W 18, von der Seite

Bild 236: HB, W 19/1, Kampfflugzeug, 1917, S = 13,80/13,80; L = 10,65

Bild 237: HB, W 19/1, von schräg hinten

Bild 238: HB, W 19/1, von vorn

Bild 239: HB, W 19/2, Kampfflugzeug, 1917, S = 13,80/13,80; L = 10,65

Bild 240: HB, W 19/2, von schräg hinten

Bild 241: HB, W 19/2, von schräg vorn

Bild 242: HB, W 20/1, U-Boot-Flugzeug zur Aufklärung, 1917, S = 6,80/6,40; L = 5,93

Bild 243: HB, W 20/1, von vorn

Bild 244: HB, W 20/1, von schräg hinten

Bild 245: HB, W 20/2, U-Boot-Flugzeug zur Aufklärung, 1917, S = 6,80/6,80; L = 5,93

Bild 246: HB, W 20/2, von links hinten

Bild 247: HB, W 20/2, von der Seite

Bild 248: HB, W 20/3, U-Boot-Flugzeug zur Aufklärung, 1918

Bild 249: HB, W 21, Jagdeinsitzer, 1917, S = 10,70/7,40; L = 8,15

Bild 250: HB, W 21, von schräg vorn

Bild 251: HB, W 22, Jagdeinsitzer, 1917, S = 9,30/8,75; L = 9,15

Bild 252: HB, W 22, von hinten

Bild 253: HB, W 24, Jagdflugzeug, 1918 (erstes Musterflugzeug für HB, W 29)

Bild 254: HB, W 25, Jagdeinsitzer, 1917, S = 10,40/10,40; L = 8,80

Tafel 14: Leutnant Max Müller, zeitgen. Postkarte

Bild 255: HB, W 25, von der Seite

Bild 256: HB, W 25, von schräg hinten

Bild 257: HB, W 25/S, Jagdeinsitzer, 1917, S = 10,40/10,40; L = 8,90

Bild 258: HB, W 26, See-Aufklärer, 1917, S = 18,80/18,80; L = 12,79

Bild 259: HB, W 26, von der Seite

Bild 260: HB, W 26, von schräg hinten

Bild 261: HB, W 26, von vorn

Bild 262: HB, W 27, Schulflugzeug, 1917, S = 11,20/10,50; L = 8,32

Bild 263: HB, W 27, von vorn

Bild 264: HB, W 27, von schräg vorn

Bild 265: HB, W 27, von schräg hinten

Bild 266: HB, W 29, Kampfflugzeug, 1917, S = 13,50; L = 9,35

Bild 267: HB, W 29, von schräg hinten

Bild 268: HB, W 29, von der Seite

Bild 269: HB, W 29, von vorn

Bild 269a: HB, W 29, das 500. Flugzeug der HB war eine W 29

Bild 270: HB, W 29/2, Kampfflugzeug, 1918, S = 13,50; L = 9,30

Bild 271: HB, W 29/2, von schräg vorn

Bild 272: HB, W 29/2, von schräg hinten

Bild 274: HB, W 29, Oberleutnant z. See Christiansen greift ein Curtiss-Flugboot an. . . .

Bild 275: . . . . und vernichtet es

Bild 276: HB, W 29, Oberlt. z. See Christiansen vernichtet das englische U-Boot C 25

Bild 277: HB, W 32, Schulflugzeug und Aufklärer, 1918, S= 11,20/10,50; L = 8,32

Bild 278: HB, W 32, von vorn

Bild 279: HB, W 32, von schräg hinten

Bild 280: HB, W 32, von der Seite

Bild 281: HB, W 33/1, Kampfflugzeug, 1918, S = 15,85; L = 11,10

Bild 282: HB, W 33/1, von der Seite

Bild 283: HB, W 33/1, von vorn

Bild 284: HB, W 33/1, von schräg hinten

Bild 285: HB, W 33/2, Kampfflugzeug, 1918, S = 15,85; L = 11,10

Tafel 15: Offizier-Stellvertreter Nathanael, zeitgen. Postkarte

Bild 286: HB, W 34, Kampfflugzeug, 1918, S = 16,60; L = 11,10

Bild 287: HB, W 35, See-Mehrzweckflugzeug, 1919, S = 17,70; L = 12,30

Bild 288: Hawa, CL II, Aufklärer, 1917, S = 12,00

Bild 289: Hawa, CL II a (Rol), Aufklärer, 1917, Lizenzbau der Firma Roland

Bild 290: Hawa, CL III, Aufklärer, 1917, S = 11,70; L = 7,58

Bild 291: Hawa, CL III, von der Seite

Bild 292: Hawa, CL III A, Kampf- und Aufklärungsflugzeug, 1917

Bild 293: Hawa, CL III A, von vorn

Bild 294: Hawa, CL III A, von hinten

Bild 295: Hawa, CL 3 e, zum Verkehrsflugzeug umgebaute CL III A

Bild 296: Hawa, C IV, Fernaufklärer, 1917, S = 12,56; L = 7,80

Bild 297: Hawa, C V, Kampfflugzeug, 1918, S = 10,56; L = 7,10

Bild 298: Hawa, C V, von schräg vorn

Bild 299: Hawa, C V a, Aufklärer

Bild 300: Hawa, F 6, zum Passagierflugzeug umgebaute CL V

Bild 301: Hawa, F 10, Verkehrsflugzeug, 1919

Bild 302: Hawa, F 10, von der Seite

Tafel 16: Leutnant Pfeifer, zeitgen. Postkarte

Bild 303: Ju, J 1, Jagdeinsitzer, 1915, S = 12,95; L = 8,63

Bild 304: Ju, J 2, Jagdeinsitzer, 1916, S = 11,0; L = 7,30

Flugzeugmeisterei
Kto. I Nr. [illegible]

Prof. Junkers F. u. Photo 356

Charlottenburg, den 19. Februar 1917.

Der Firma J u n k e r s & C o ., D e s s a u wird hiermit bescheinigt, dass ihr zur Einleitung von Massenfabrikation in allernächster Zeit ein Erst-Auftrag auf zunächst

100 Panzer-Flugzeuge

erteilt wird, der nur aus formellen Gründen bisher nicht offiziell ausgeschrieben werden konnte.

Die Inspektion hat aber das dringendste Interesse, daß die Firma Junkers & Co. nicht auf den formellen Antrag wartet, sondern sofort unter Einsetzung aller Kräfte und Mittel mit der Einrichtung der Massenfabrikation in eigenen wie in anderen dazu heranzuziehenden geeigneten Betrieben beginnt.

Major und Kommandeur
der Flugzeugmeisterei.

Bild 305: Ju, J 4 (J I), Bescheinigung für erteilten Auftrag

Bild 306: Ju, J 4 (J I), gepanzertes Infanterieflugzeug, 1917, S = 16,0; L = 9,10

Bild 307: Ju, J 4 (J I), von der Seite

Bild 308: Ju, J 4 (J I), von links

Bild 309: Ju, J 4 (J I), auf dem Flugplatz

Bild 310: Ju, J 4 (J I), von vorn

Bild 311: Ju, J 7 (D I), Jagdflugzeug, 1917, S = 9,0; L = 6,70

Bild 312: Ju, J 7 (D I), von vorn

Bild 313: Ju, J 8 (CL I), Kampfflugzeug, 1918, S = 12,37; L = 7,90

Bild 314: Ju, J 8 (CL I), von schräg hinten

Bild 315: Ju, J 9 (D I), Jagdflugzeug, 1918, S = 11,0; L = 7,90

Tafel 17: Luftkampf an der Somme, Gemälde von F. W. K. von Lindenau

Bild 316: Ju, J 9 (D I), von links

Bild 317: Ju, J 9 (D I), von schräg vorn

Bild 318: Ju, J 9 (D I), Führerraum

Bild 319: Ju, J 9 (D I), von oben gesehen

Bild 320: Ju, J 10 (CL I), Schlachtflugzeug, 1918, S = 11,0; L = 7,90

Bild 321: Ju, J 11 (CLS I), See-Aufklärer, 1918, S = 12,75; L = 8,18

Bild 322: KWK, Seeaufklärer, 1916

Bild 323: KWK, Seeaufklärer, von vorn

Bild 324: KWK, CFT, Aufklärer mit Marine-Nr. 947

Bild 325: Kondor, W I, Aufklärer, 1914, S = 13,0; L = 7,95

Bild 326: Kondor, W II c, Schulflugzeug und Aufklärer, 1915

Bild 327: Kondor, B I, Schulflugzeug, 1917, nur Versuchsmuster

Bild 328: Kondor, D I, Jagdflugzeug, 1916, der Konstrukteur Dipl.-Ing. Rethel

Bild 329: Kondor, D II, Jagdflugzeug, 1917, S = 7,59; L = 4,86

Bild 330: Kondor, D VI, Jagdflugzeug, 1917, S = 8,25; L = 5,80

Bild 331: Kondor, D VII, Jagdflugzeug, 1917, S = 8,50; L = 6,20

Bild 332: Kondor, E III a, Jagdflugzeug, 1918

Bild 333: Linke-Hofmann, R I (R 40/16), Riesenbomber, 1916, S = 33,20; L = 15,60

Bild 334: Linke-Hofmann, R I (R 40/16), von der Seite

Bild 335: Linke-Hofmann, R I (R 40/16), von hinten

Bild 336: Linke-Hofmann, R I (R 40/16), Triebwerkanlage

Bild 337: Linke-Hofmann, R I (R 8/15), Riesenbomber, im Bau

Bild 338: Linke-Hofmann, R I (R 8/15), Fahrwerk

Bild 339: Linke-Hofmann, R II, Riesenbomber, 1917, S = 42,16; L = 20,32

Bild 340: Linke-Hofmann, R II, von vorn

Bild 341: Linke-Hofmann, R II, von der Seite

Bild 342: Linke-Hofmann, R II, Fahrwerk

Bild 343: Linke-Hofmann, R II, mit Bomben

Bild 344: Linke-Hofmann, R II, im Bau

Bild 345: Linke-Hofmann, R II, Tragflächen im Bau

Bild 346: Linke-Hofmann, R II, im Bau, fertiges Gerippe

Bild 347: Linke-Hofmann, R II, Leitwerksfertigung

Bild 348: Linke-Hofmann, R II, Rumpfbau

Tafel 18: Rittmeister Manfred Frhr. von Richthofen, zeitgen. Postkarte

Bild 349: LFG, C II, „Walfisch“, Aufklärer, 1915, S = 10,30; L = 7,70

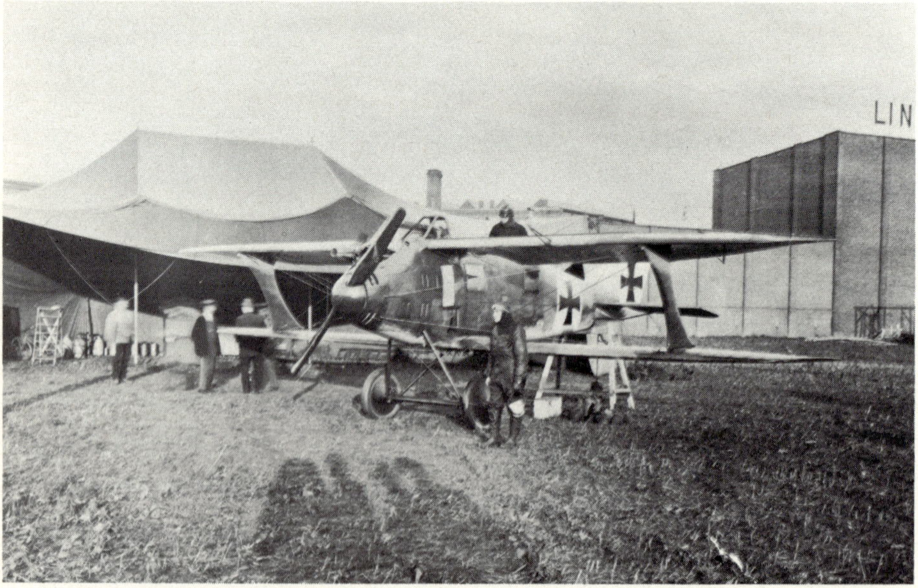

Bild 350: LFG, C II, „Walfisch“, Lizenzbau bei Linke-Hofmann

Bild 351: LFG, C II, „Walfisch“, Lizenzbau bei Pfalz-Flugzeugwerke

Bild 352: LFG, D IV, Jagdflugzeug, 1917, Versuchs-Dreidecker

Bild 353: LFG, D VI a, Jagdflugzeug, 1917, S = 9,40; L = 6,32

Bild 354: LFG, D VII, Jagdflugzeug, 1918, mit 200 PS Benz, S = 8,84

Bild 355: LFG, D XV, Jagdflugzeug, 1918

Bild 356: LVG, B II (D VI), Aufklärer, 1914, S = 12,12; L = 8,30

Bild 357: LVG, C I (D IV), Aufklärer, 1915, S = 14,50; L = 8,61

Bild 358: LVG, C I (D IV), von der Seite

Bild 359: LVG, C II, Aufklärer, 1915, S = 12,85; L = 8,10

Bild 360: LVG, C IV, Aufklärer, 1916, S = 13,60; L = 8,50

Tafel 19: Freiherr von Richthofen, zeitgen. Postkarte

Bild 361: LVG, C V (D 15), Aufklärer, 1917, S = 13,62; L = 8,07 (Prinz Friedrich-Sigismund mit dem Konstrukteur Sabersky-Müssigbrood)

Bild 362: LVG, C V (D 15), in der Halle

Bild 363: LVG, C VI, Aufklärer, 1917, S = 13,0; L = 7,45

Bild 364: LVG, G III, Bomber, 1918, S = 24,50; L = 10,25

Bild 365: LTG, Kampfflugzeug, 1917, mit einziehbaren Schwimmern

Bild 366: LTG, Flugzeug von Bild 365 mit eingezogenen Schwimmern

Bild 367: LTG, Flugzeug von Bild 365, von der Seite

Bild 368: LTG, Flugzeug von Bild 365, von schräg hinten

Bild 369: LTG, FD 1, See-Jagdflugzeug, 1917, S = 10,0; L = 9,0

Bild 370: LTG, FD 1, von rechts

Bild 371: Naglo, Jagdeinsitzer, 1917, Nachbau der Albatros D V, Vierdecker

Bild 372: Oertz, Militär-Eindecker II, Schul- und Aufklärungsflugzeug

Bild 373: Otto, C, Aufklärer, 1915, S = 14,50

Bild 374: Otto, C II, Aufklärer, 1915, S = 13,40

Bild 375: Pfalz, A I, Aufklärer, 1914, S = 11,20; L = 6,90

Bild 376: Pfalz, E I, Jagdflugzeug, 1915, S= 9,26; L = 6,30

Bild 377: Pfalz, E II, Jagdflugzeug, 1915, S = 10,20; L = 6,45

Bild 378: Pfalz, E III, Jagdflugzeug, 1915, S = 11,20; L = 6,85

Bild 379: Pfalz, D I, Jagdflugzeug, 1916, Lizenzbau der LFG Roland

Bild 380: Pfalz, D II, Jagdflugzeug 1917, Lizenzbau der LFG Roland

Bild 381: Pfalz, D IV, Jagdflugzeug, 1917

Bild 382: Pfalz, D IV, von der Seite

Bild 383: Pfalz, D VI, Jagdflugzeug, 1917, S = 7,08

Bild 384: Pfalz, D VI, von vorn, mit Otto Augst

Tafel 20: Fünf erfolgreiche Kampfflieger, zeitgen. Postkarte

Bild 385: Pfalz, D VII, Jagdflugzeug, 1917, Versuchsmuster

Bild 386: Pfalz, D VII, von vorn

Bild 387: Pfalz, D VIII, Jagdflugzeug, 1918, S = 7,52; L = 5,65

Bild 388: Pfalz, D VIII, von vorn

Bild 389: Pfalz, D XII, Jagdflugzeug, 1918, S = 9,0; L = 6,35

Bild 390: Pfalz, D XIV, Jagdflugzeug, 1918, S = 10,0; L = 6,32

Bild 391: D XV, Jagdflugzeug, Versuchsflugzeug mit I-Stielen, 1918

Bild 392: Pfalz, D XV, Flugzeug von Bild 391

Bild 393: Pfalz, D XV, Jagdflugzeug, Versuchsflugzeug mit N-Stielen, 1918, S = 8,60

Bild 394: Pfalz, D XV, Flugzeug von Bild 393

Bild 395: Phönix, B 1, Lizenzbau der HB, FD

Bild 396: Phönix, C 1 a, Lizenzbau der HB, LDD

Bild 397: Phönix, C 1 b, Lizenzbau der HB, LDD mit Austro Daimler 160 PS

Bild 398: Phönix, C 1/II, Lizenzbau der HB, LDD mit Austro Daimler 160 PS

Bild 399: Phönix, C 1/III, Lizenzbau der HB, LDD mit Hiero 200 PS

Bild 400: Phönix, C 1, Lizenzbau der HB, LDD mit Austro Daimler 210 PS

Bild 401: Phönix, C 1 Lizenzbau der HB, LDD mit Hiero 230 PS

Bild 402: Phönix, C II, Lizenbau der HB, K

Tafel 21: Ru VII, darüber Kette Albatros D V, Gemälde von A. B. Henninger

Bild 403: Phönix, D I, Lizenzbau der HB, K

Bild 404: Phönix, Dr 1, Lizenzbau der HB, CC

Bild 405: Phönix, KDW, Lizenzbau der HB

Bild 406: Rumpler, C I, Aufklärer, 1915, Lizenzbau Bayerische Flugzeugwerke

Bild 407: Rumpler, C I (5A2), Aufklärer, 1915, S = 12,15; L = 7,85

Bild 408: Rumpler, C I (5A2), von der Seite

Bild 409: Rumpler, C IV (6A7), Aufklärer, 1916, S = 12,66; L = 8,40

Bild 410: Rumpler, D IV a = C IV mit Zusatzluftzuführung

Tafel 22: Leutnant Rumey, zeitgen. Postkarte

Bild 411: Rumpler, D I (8D1), Jagdflugzeug, 1918, S = 8,42; L = 5,75

Bild 412: Rumpler, G II (5A16), Bombenflugzeug, 1915

Bild 413: Rumpler, G III (6G2), Bombenflugzeug, 1916, S = 19,30

Bild 414: Sablatnik, C I, Kampf- und Aufklärungsflugzeug, 1917

Bild 415: Schwade, C I, Aufklärungsflugzeug, 1914, mit Stahlherz 75 PS

Bild 416: Schwade, C I, von der Seite

Bild 417: SSW, Forsman R, Riesenflugzeug, 1915, S = 24,0; L = 16,50

Bild 418: Erbeutete: Dorand, gepanzertes Bombenflugzeug

Bild 419: Erbeutete: Robert Esnault Pelterie REP, Aufklärer

Tafel 23: Oberleutnant Dr. Sieverts, zeitgen. Postkarte

Bild 420: Erbeutete: Morane Saulnier, Typ L, Aufklärer

Bild 421: Erbeutete: Nieuport, Typ 11, Jagdflugzeug

Bild 422: Erbeutete: Nieuport, Typ 12, Aufklärer

Bild 423: Erbeutete: Nieuport, Typ 27 C 1, Jagdflugzeug

Bild 424: Erbeutete: Sopwith Pup, Jagdflugzeug

Tafel 24: Oberleutnant Ritter von Tutschek

Bild 425: Zep.Do., RS I, 1. Ausführung als FS 1 mit außenliegendem Mittelmotor und zwei Motoren im Boot. Großflugboot, 1915

Bild 426: Zep.Do., RS I, Erste Ausführung

Bild 427: Zep.Do., RS I, Erste Ausführung nach der Zerstörung am 21. 12. 1915

Bild 428: Zep.Do., RS I, 2. Ausführung mit 3 außenliegenden Motoren, Großflugboot, 1915, S = 43,50; L = 29,0

Bild 429: Zep.Do., RS I, zweite Ausführung, von der Seite

Bild 430: Zep.Do., RS I, zweite Ausführung, von vorn

Bild 431: Zep.Do., RS I, zweite Ausführung, von hinten

Bild 432: Zep.Do., RS II a, 1. Ausführung mit innenliegenden Motoren und Luftschrauben-Fernantrieb, S = 32,0; L = 25,75

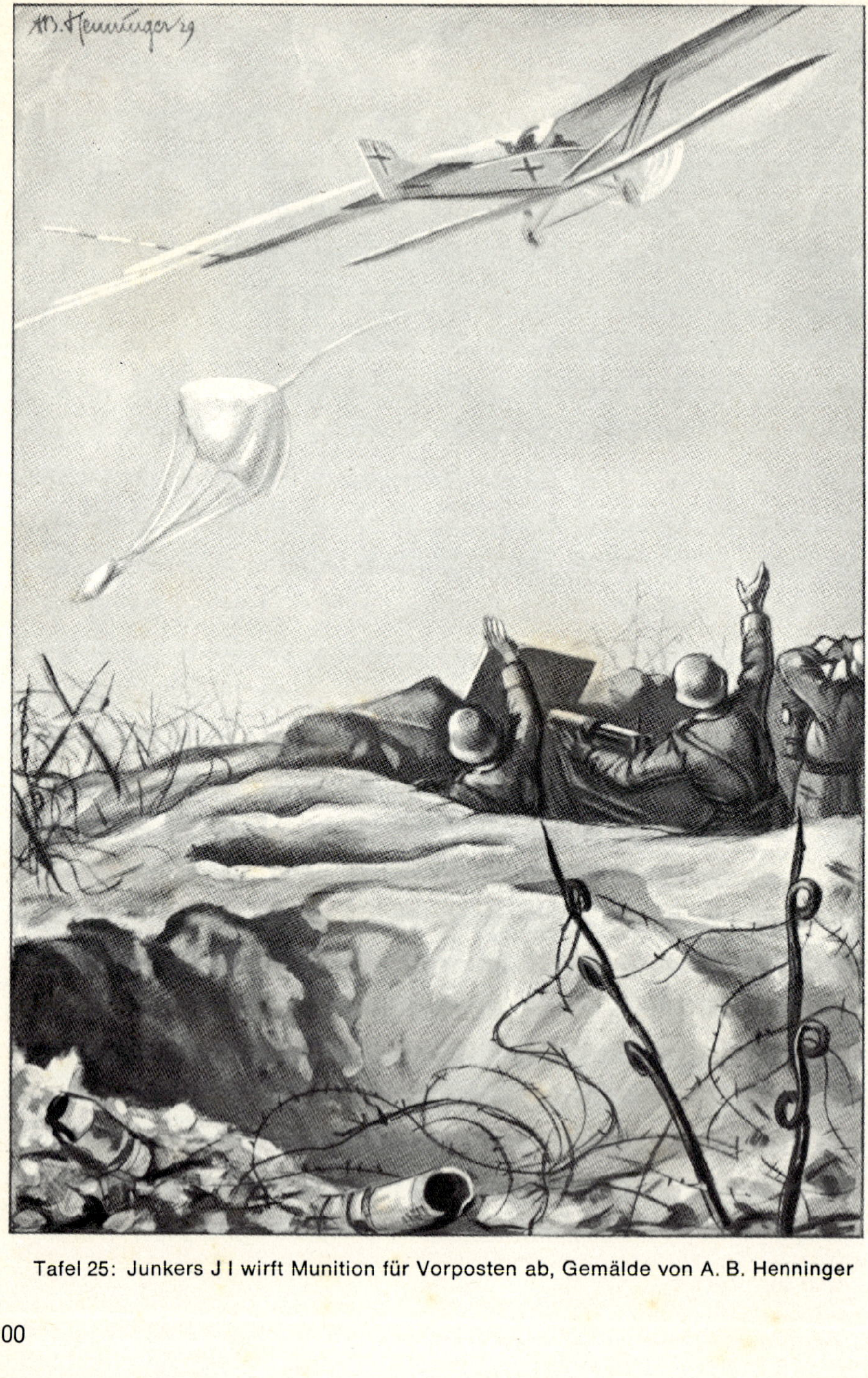

Tafel 25: Junkers J I wirft Munition für Vorposten ab, Gemälde von A. B. Henninger

Bild 433: Zep.Do., RS II a, wie Bild 432, von schräg vorn

Bild 434: Zep.Do., RS II a, 2. Ausführung (Umbau mit großen Seitenleitwerk-Flächen)

Bild 435: Flugzeug von Bild 434

Bild 436: Zep.Do., RS II b, mit außenliegenden Tandem-Motoren, S = 33,20; L = 23,88

Tafel 26: Rittmeister Frhr. von Richthofen und Leutnant Voß, zeitgen. Postkarte

Bild 437: Zep.Do., RS II b, von schräg hinten

Bild 438: Zep.Do., RS II b, von links

Bild 439: Zep.Do., RS II b, von vorn

Bild 440: Zep.Do., RS III, Riesenflugboot, 1917, S = 37,0; L = 22,75

Bild 441: Zep.Do., RS IV, Riesenflugboot, 1918, S = 37,0; L = 22,78

Bild 442: Zep.Do., RS IV, von vorn

Bild 443: Zep.Do., RS IV, von schräg hinten

Bild 444: Zep.Do., V 1, Versuchs-Jagdflugzeug, 1916, S = 10,55; L = 7,10

Bild 445: Zep.Do., V 1, von vorn

Bild 446: Zep.Do., V 1, von schräg vorn

Tafel 27: Leutnant Voß, zeitgen. Postkarte

Bild 447: Zep.Do., CL 1, Aufklärer, 1917, S = 10,50; L = 7,60

Bild 448: Zep.Do., CL 1, von schräg hinten

Bild 449: Zep.Do., CL 1, von schräg vorn

Bild 450: Zep.Do., CL 2, Jagdflugzeug und Aufklärer, 1918, S = 10,50; L = 7,46

Bild 451: Zep.Do., CL 2, im Bau

Bild 452: Zep.Do., D 1, Jagdflugzeug, 1918, S = 7,80; L = 6,37

Bild 453: Zep.Do., D 1, von schräg vorn

Bild 454: Zep.Do., D 1, von schräg hinten

Bild 455: Zep.Do., CS I, Kampfflugzeug und Aufklärer, 1918, S = 13,18; L = 8,88

Bild 456: Zep.Do., CS I, von der Seite

Tafel 28: Schlachtflieger am „Toten Mann“, Gemälde von A. B. Henninger

NOTIZEN

VERZEICHNIS DER BILDTAFELN

NOTIZEN

LUFTFAHRT dokumente

In der Reihe **„Luftfahrt-Dokumente"** bringen wir, als Ergänzung zu unserer Zeitschrift „Luftfahrt international" und der Reihe „Luftfahrt monographie", ausschließlich Wiedergaben und Nachdrucke von Original-Dokumenten, wie Projektbeschreibungen, Flugzeug-Handbücher, Geheimberichte, Erprobungsberichte usw. vorwiegend aus der Zeit von 1920 bis 1945.

Zweck der Reihe „Luftfahrt-Dokumente" ist es, Unterlagen, die weitgehend unbekannt geblieben sind, einem kleinen Kreis von Publizisten, Forschern und ernsthaft an der Materie interessierten Lesern zugänglich zu machen.

Wir haben uns zur Herausgabe dieser zusätzlichen Reihe entschlossen, weil wir in der Zweimonatsschrift „LUFTFAHRT international" aus Platzgründen jeweils nur kurzgefaßte Auszüge aus Baubeschreibungen bringen können und wir immer wieder um zusätzliche Informationen gebeten werden.

Um nun einem kleinen Kreis von besonders aktiven Lesern die nötigen Informationen geben zu können, bringen wir in der Reihe **„Luftfahrt-Dokumente"** jeweils den kompletten Text der Originalunterlagen, und zwar im handlichen und einheitlichen Format unserer übrigen Publikationen, DIN A 5. Markante Zeichnungen, wie Risse Übersichtsdarstellungen, Projektentwürfe usw. drucken wir auf Großtafeln DIN A 3, die dann als Falztafeln den Heften beigelegt werden, was bei der „LUFTFAHRT international" aus postalischen Gründen leider nicht möglich ist.

Da der Erhaltungszustand und die Art der Dokumente (Blau- oder Rotpausen, interne Vervielfältigungen usw.) sehr unterschiedlich sind, ist eine völlig einwandfreie Wiedergabe leider nicht immer möglich. Um den Charakter der Originalität nicht zu stören, nehmen wir eine Restaurierung der Dokumente nur dann vor, wenn uns dies unbedingt erforderlich erscheint.

Wir hoffen, mit der Reihe „Luftfahrt-Dokumente" eine weitere echte Lücke schließen zu können.

Da die **Auflage sehr gering** ist, bitten wir, Ihre Bestellung möglichst sofort aufzugeben. Liefermöglichkeit müssen wir uns vorbehalten.

Am besten ist es, wenn Sie uns den erforderlichen Betrag mit der Bestellung im voraus zusenden. Sofort nach Eingang erhalten Sie die bestellten Hefte portofrei zugesandt. Nachnahmebestellungen bitten wir nur in Ausnahmefällen und ab DM 20,– (wegen der hohen Portokosten!) aufzugeben.

Ein Verzeichnis der sofort lieferbaren Titel finden Sie auf der nächsten Seite.

In der Reihe „LUFTFAHRT-DOKUMENTE" sind bisher erschienen:

LD 1 Baubeschreibung der Focke-Wulf Fw 191 als Kampfflugzeug und Fernerkunder, vom 16. 5. 1940, 60 Seiten, 23 Abbildungen
ISBN 3-88088-190-1 DM 6.60

LD 2 Baubeschreibung der Focke-Wulf Fw 491 als Horizontalbomber, vom 6. 7. 1942, 8 Seiten
ISBN 3-88088-191-X DM 3.—

LD 3 Baubeschreibung der Focke-Wulf Fw 300 als mittleres Langstreckenflugzeug, vom 22. 10. 1940, 57 Seiten, 1 Abbildung
ISBN 3-88088-192-8 DM 6.60

LD 4 Kurzbeschreibung der Focke-Wulf Ta 400 als Fernkampfflugzeug, vom 13. 10. 1943, 16 Seiten, 1 Abbildung
ISBN 3-88088-193-6 DM 4.—

LD 5 Rüst- und Betriebsanleitung der Focke-Wulf Fw 190 V-1 und V-2, 32 Seiten
ISBN 3-88088-194-4 DM 4.80

LD 6 Bedienungsanweisung der Waffenanlage im Flugzeug Focke-Wulf Fw 190 A-1, 22 Seiten, 14 Abbildungen
ISBN 3-88088-195-2 DM 4.50

LD 7 Baubeschreibung des Höhenjagdflugzeuges Focke-Wulf Ta 152 H, vom 18. 1. 1944, und Kurzbeschreibung der Focke-Wulf Ta 152 mit Jumo 222 E und Laminarprofil, vom 4. 12. 1944, 48 Seiten, 8 Abbildungen
ISBN 3-88088-196-0 DM 5.40

LD 8 Beschreibung des Fernbomber und Fernaufklärer Focke-Wulf Fw 200 C-3 und Fw 200 C-3/U-4, 24 Seiten, 7 Abbildungen
ISBN 3-88088-197-9 DM 4.50

LD 9 Beschreibung der Focke-Wulf Fw 200 F als Fernerkunder mit erhöhter Reichweite (6600 km), vom 10. 5. 1943, 40 Seiten, 22 Abbildungen
ISBN 3-88088-198-7 DM 5.10

LD 10 Kurzbeschreibung der Focke-Wulf „Mistel Ta 154 A – Fw 190 A-8" als Sprengstoffträger „Beethoven", vom 14. 7. 1944, 9 Seiten
ISBN 3-88088-199-5 DM 4.—

LD 11 Beschreibung und Dokumente für Projekt „Bewaffnung Eber" (Rammanflug), vom 28. 12. 1944, 16 Seiten
ISBN 3-88088-200-2 DM 4.—

LD 12 Dokumente und Anweisungen für den Fortfall des Tarnanstrichs auf der Flugzeugunterseite, vom 30. 6. bis 24. 7. 1944, 13 Seiten
ISBN 3-88088-201-0 DM 4.—

LD 13 Projektbeschreibung P 45 der Hamburger Flugzeugbau GmbH für ein Trans-Ozean-Flugzeug, 21 Seiten, 14 Abbildungen
ISBN 3-88088-202-9 DM 4.50

LD 14 Projektbeschreibung BV-P 170 von Blohm & Voss Flugzeugbau für einen Schnellbomber, von 1940, 32 Seiten, 3 Falztafeln
ISBN 3-88088-203-7 DM 5.10

LD 15 Projektbeschreibung BV-P 194 von Blohm & Voss Flugzeugbau als Schlächter, Zerstörer, Stuka oder Aufklärer, vom März 1944, 30 Seiten, 11 Abbildungen, 3 Falztafeln
ISBN 3-88088-204-5 DM 5.10

LD 16 Projektbeschreibung BV-P 203 von Blohm & Voss Flugzeugbau als Zerstörer, Schnellkämpfer oder Nachtjäger, von 1940, 22 Seiten, 8 Abbildungen
ISBN 3-88088-205-3 DM 4.50

LD 17 Kurzbeschreibung BV-P 213 von Blohm & Voss Flugzeugbau als Miniatur-Jäger mit AS 014, vom November 1944, 20 Seiten, 2 Falztafeln
ISBN 3-88088-206-1 DM 4.50

LD 18 Kurzbeschreibung BV-P 215 von Blohm & Voss Flugzeugbau als Schlechtwetter- und Nachtjäger mit 2 Stück He S-011, vom März 1945, 32 Seiten, 10 Abbildungen, 7 Falztafeln
ISBN 3-88088-207-X DM 6.60

LD 19 Angebotsbaubeschreibung der Messerschmitt Me 328 B als leichtes Schnellkampfflugzeug, vom 15. 12. 1942, 48 Seiten, 12 Abbildungen
ISBN 3-88088-208-8 DM 5.40